大师的青少年时代

新闻出版总署向全国青少年推荐百种优秀图书

梅兰芳的青少年时代

李伶伶 著

河北出版传媒集团
河北人民出版社

目 录

一　出身梨园世家

有人说，梅兰芳为京剧而生。其中原因很大程度在于他出生在一个梨园世家——他有一个唱旦角的祖父、一个唱旦角的父亲和一个戏曲音乐才子伯父，因此自然秉承了子承父业、光宗耀祖的中国传统家族观念。

梅兰芳的祖父叫梅巧玲。他有个雅号，叫“胖巧玲”。说来很有意思，这个雅号的来历，跟“老佛爷”慈禧太后有关。由于梅巧玲生得脸圆体胖，和他为人的一团和气相称，爱看他戏的慈禧太后就赐了他这个雅号。这位好看戏的老佛爷还有点美学眼光，她说巧玲身材的肥胖恰能显示雍容华贵。

在祖父梅巧玲之前，梅家世代以雕刻为生。

◎梅兰芳的祖父梅巧玲在《雁门关》里饰萧太后

道光十年至咸丰十年间苏北里下河一带的水患不断，导致无数人家沦为赤贫，梅巧玲的父亲梅天材穷病而死，巧玲与两个弟弟随母亲颜氏逃难江南，可富庶的江南并没有改变一家人的命运。颜氏不能眼见儿子们饿死，只得忍痛先将8岁的长子巧玲卖给苏州的一个江姓鳏夫作义子。之后巧玲的两个弟弟下落不明，颜氏只身回到故乡，不久也饿死了。

梅巧玲被卖到江家，逃却了饿死的噩运。义父江某一度也将他视为己出。但好景不长，江某在娶妻生子之后，对巧玲的态度就变了。有一天，江妻在屋里的炉子上用砂罐烧红烧肉，吩咐巧玲照看着。巧玲不小心将砂罐碰翻了，当时没人看见，巧玲自然不敢声张。等到大家追究起来，发现巧玲的鞋底下沾有肉汁，这下惹了大祸。江某夫妇怒发冲冠，借口巧玲做了坏事还抵赖，竟三天三夜不给巧玲饭吃以示惩戒，把巧玲饿得天昏地暗。还是家里的一个厨子起了善心，偷偷用荷叶包了点饭给他吃，这才算没有饿出个好歹来。

在巧玲11岁那年，江氏夫妇又将他卖了出去。

梅巧玲这回被卖到一个叫“福盛班”的戏班子做徒弟，这是梅家与京剧结缘的开始。这时，京剧已经形成并正急速成长。梅巧玲苦学皮黄，历经磨难。“福盛班”班主杨三喜擅长昆曲，却以虐待徒弟闻名。他对徒弟非打即骂，还特别喜欢用硬木板打徒弟手心，据说巧玲的手纹都被打平了。

有一年除夕之夜，杨三喜莫名地就不给巧玲饭吃，让巧玲抱着他的孙子杨元在地上拣饭粒吃。许多年以后，梅巧玲做了“四喜班”班主，也收了徒弟，杨元被请来给学徒教戏。也许是自小耳濡目染，杨元对学徒也很苛求，动不动就要挥舞木板条。梅巧玲对杨元说：“这儿不是‘福盛班’，我不能看着你糟蹋别人家的孩子。”杨元后来死在一个庙里，没有人去理会，还是梅巧玲心软，派家人将杨元的尸首收殓了。

梅巧玲离开杨三喜后，跟了一个叫夏白眼的师父，这又是一个喜欢虐待徒弟的师父。梅巧玲在他手上也吃了不少苦头。直到跟了第三个师傅罗巧福，才算彻底脱离了苦海。罗巧福人很厚道，他原是杨三喜的徒弟，满师后独立门户开课授徒，他见巧玲在夏白眼那里受尽折磨，很不忍心，便花了一笔钱将巧玲赎了出来，收在自己门下。罗巧福教戏很认真，从此巧玲安心向罗巧福学皮黄，进步很快。

至于梅巧玲究竟是什么时候进京的，目前已无法考证。可以确知的是，梅巧玲满师后也自立门户，并立即派人到家乡去，打算接家人出来同住，却不知母亲早死，两个弟弟不知去向。梅巧玲直到死也没有打听到家人的下落。

梅巧玲应工花旦，却又不满足于本行，他大胆革新身段、表情、神气、台步以及扮相，打破了过去京剧舞台上贞女烈女“行不动裙、笑不露齿”的动作程式，又吸取青衣的唱工技巧，逐渐红透京城，成为“同光十三绝”之一，也顺理成章地接管了“四大徽班”之一的“四喜班”，成为班主（另外三个班是三庆班、春台班、和春班）。

梅兰芳日后在京剧舞台上不断创新和变革，与其说是基于他具有顺应时代潮流的意识和善于听取有识之士建议的虚心态度，倒不如说是他的血管里本即流淌着祖父遗传下来的永远向前的血液。他不仅完全继承了祖父不安现状、勇于冲破传统樊笼的个性，在祖父奠定了的基础上进一步

发扬光大了“花衫”这一融青衣、花旦于一炉的新的表演方法，更沿袭了祖父诚实好学而精通音韵、唱腔、书法的文化素养，正如梅兰芳自己所说：“我好结交、善看书、爱绘画及收集文物的习性，也可说是祖传给我的天资。”

梅巧玲未能活到耄耋之年，梅兰芳因而没有见过祖父。

梅巧玲在1860年时，娶著名小生陈金雀之女陈氏为妻。那时梅巧玲孤身一人，陈氏还未过门，陈家就派了一个老妈子去侍候他。老妈子从此在梅家服务了一辈子。晚年，梅巧玲曾买了一所房子送给她，她坚决不收，后来死在梅家，梅巧玲为她预备了一份很厚的衣衾棺木将她装殓了。

陈氏心地很善良，善于治家，比梅巧玲小两岁。她也许不能算是有文化的人，但她绝对是一个懂道理明事理的人。梅兰芳初次赴沪演出大获成功，不免志得意满。返家后当天晚上，一家人坐在一起吃饭。听完梅兰芳的有关十里洋场奢靡繁华的介绍，陈氏语重心长地对梅兰芳说：

“咱们这一行，就是凭自己的能耐挣钱，一样可以成家立业，看着别人有钱有势，吃穿享用，可千万别眼红，常言说得好，‘勤俭才能兴家’，你爷爷一辈子帮别人的忙，照应同行，给咱们这行争了气，可是自己非常简朴，从不浪费金钱。你要学你爷爷的会花钱，也要学他省钱的俭德。我们这一行的人成了角儿，钱来得太容易，就胡花乱用，糟蹋身体，等到渐渐衰落下去，难免挨冻挨饿。像上海那种繁华地方，我听见有许多角儿，都毁在那里。你第一次去就唱红了，以后短不了有人来约你，你可得自己有把握，别沾染上一套吃喝嫖赌的习气，这是你一辈子的事，千万要记住我今天的几句话。我老了，仿佛一根蜡烛，剩了一点蜡头儿，不知道还能过几天。趁我现在还硬朗，见到的地方就得说给你听。”（梅兰芳，《舞台生活四十年》）

听了祖母的这番训诫，梅兰芳几乎要落下泪来，他深为有这么一位祖母而感到自豪。祖母的这番话一直印在他的心里，他一直“拿它当做立身处世的指南针”。

梅巧玲和陈氏婚后育有二子二女，长女嫁给了为人仗义、有古侠士风之称的旦角演员秦稚芬；二女嫁给了武生演员王怀卿。他的两个儿子，一个是梅兰芳的伯父梅雨田，一个是父亲梅竹芬。

梅巧玲去世时，梅竹芬只有10岁。后来，梅竹芬和著名武生杨隆寿的女儿杨长玉成了亲。杨长玉出生于1876年，比梅竹芬小4岁。梅竹芬遗传了梅巧玲善良温顺的性格，又做事认真而不投机取巧。他最早学的是老生，后改小生，最后承乃父衣钵，唱青衣花旦。因为他的唱法极似梅巧玲，长相也酷似父亲，故有“梅肖芬”之称。

当时，梅竹芬搭班福寿班。班里有些演员常闹脾气，告假不唱。每到这个时候，班主总是让竹芬上场代唱。他也从不推辞，而且每次唱的都是梅巧玲的唱本工戏。戏班为多挣钱，营业性的演出异常频繁，又有经常性的外串堂会。梅竹芬因家境每况愈下，也不得不卖命地唱。长此以往，他的身体备受损伤。26岁时患上“大头瘟”的毛病，吃了药也不见效，只几天工夫就死了。

对于竹芬的英年早逝，最悲伤的自然莫过于梅兰芳的祖母陈氏，她痛心地说："竹芬是累死的，因他忠厚老实，什么累活都叫他干。"因此，她对班主有些怨恨。竹芬出殡那天，班主在灵前痛哭流涕，陈氏心里想："你们恐怕不容易再找到这么一位好说话的角儿了。"

梅竹芬死时，儿子梅兰芳只有4岁。他跟着母亲杨长玉，依靠大伯梅雨田生活。走向衰败的家庭是没有欢乐与幸福可言的，那时的梅家老宅充满了沉闷与阴森的空气。母亲杨长玉年纪轻轻就守寡，得靠别人养活，心情可想而知。

由于梅雨田一连生了几个女儿，没有儿子，梅兰芳于是有了肩挑两房、集传承梅家香火于一身的责任。然而话虽如此，由于梅家由梅雨田夫妻管家，雨田之妻胡氏又严厉有余，梅兰芳母子的日子并不好过。在家道中落的环境下，在伯母冷峻的目光下，失去丈夫依靠的老实巴交的杨长玉大气不敢出，小小的梅兰芳就更不敢言语了，天长日久，便养成了低眉顺眼、不敢正视他人的所谓"木讷"相。据他的姑母回忆说："他幼年的

遭遇，是受尽了冷淡和漠视的。从家庭里得不到一点温暖，在他10岁以前，几乎成了一个没人管束的野孩子。”

1900年，庚子年，八国联军打进了北京。杨长玉当时只有24岁，为躲避兵匪，不得不每天化妆，用煤炭将脸涂黑，躲着不敢见人。当时梅家为了缩减开支，将李铁拐斜街的老宅卖了，搬到百顺胡同居住。梅雨田夫妇和他们的女儿，加上梅兰芳母子和祖母陈氏及两个姑母，一家八口租住三间房。因为考虑到百顺胡同房子浅窄，洋兵很容易闯入而不够安全，杨长玉带着儿子兰芳搬回娘家居住。杨隆寿家其实也不安全。杨长玉在娘家也不能随处走动，整日躲在杨家摆砌末（即道具）的房里。

果然有一天，几个洋兵冲进了杨家，每个房间绕过后执意要进这件杂物房看看，杨隆寿当然不答应，把着门不让进，双方便起了冲突，洋兵竟拔出枪来对准杨隆寿，嘴里叽里咕噜地恐吓威胁了一番。为保全女儿，杨隆寿仍坚持不让洋兵进屋。洋兵无奈，只得怏怏离去。杨隆寿却受惊吓过度，不久就病倒了，这一病竟再也没能回转过来，死了。杨长玉只好带着梅兰芳回到梅家。

苦熬了几年，终于，梅兰芳可以登台了。那时，他虽然搭班演出，但也只属于借台练习的性质，并无包银，只有一点儿点心钱。不过，即便这点儿点心钱也足以让他们母子俩暗自窃喜很长时间。当他第一次双手捧着那一点儿点心钱郑重地将它递给母亲时，杨长玉的眼眶湿了，守寡多年以后，儿子能挣钱了！她自然有一种终于熬出了头的感慨。懂事的梅兰芳自知长大了，能够奉养母亲了，一股男子汉的豪气在胸中升腾。

然而，杨长玉终究没有享到儿子的福。不久，她就病逝了。只有14岁的梅兰芳成了无父无母的孤儿，不得不寄居在伯父伯母家，更加勤奋地学戏。

祖父死了，父亲死了，母亲也死了。可想而知，梅兰芳是跟着祖母和伯父、伯母一起生活的。在他自己能挣戏份养家之前，他的生活得依靠梅家的经济支柱——伯父梅雨田。梅雨田年轻时就有“六场通透”的美称，是公认的戏曲音乐家。

梅雨田之所以从事戏曲音乐，跟父亲梅巧玲有关。梅巧玲虽有“义伶”之称，但他的“义”并不是总能得到回报的，当角儿或场面（即乐队成员）闹脾气而告假罢演时，梅巧玲痛心疾首之余便在妻子面前发牢骚说：“我一定要让咱们的儿子学场面。”

仿佛老天爷有意成全梅巧玲，梅雨田从小就喜欢音乐。他刚满3岁，就坐在一个木桶里，抱着一把破弦子，叮叮咚咚地弹着玩。8岁时父亲问他想学什么，他说：“我爱学场面。”梅巧玲听了，别提心里有多欢喜。此后，他便把京城里的吹拉敲弹各路好手都请来教儿子。“四喜班”的琴师贾祥瑞成为梅雨田的开蒙老师，京城其他名手如李春泉、樊景泰、韩明儿、钱春望都教过梅雨田。梅雨田天资聪慧，在音乐方面也有天分，无论什么，他一学就会，吹拉弹唱样样拿手，终于没有辜负梅巧玲的一片苦心和厚望。

梅雨田性格孤僻高傲，常与和他合作的演员闹不愉快。当时的场面只有六人，分武场、文场。武场有单皮鼓、大锣、小锣；文场有胡琴、月琴、三弦，而胡琴又兼笛子、水镲、唢呐；月琴要兼铙钹、笛子、唢呐；三弦要兼堂鼓、海笛、唢呐。梅雨田因为无论武场还是文场，无论胡琴还是月琴样样精通，因此就有了“六场通透”的称号。

有几年，梅雨田被召进宫，为著名老生、“谭派老生”的创始人谭鑫培操琴。谭老板的唱腔，梅雨田的胡琴，配上鼓师李五的鼓，可谓珠联璧合。三人被公认为是最理想的搭档。可却因各自孤傲的性格而常闹意见，甚至平日里谁也不愿低头向对方请教，外界一会儿盛传他们散伙了，一会儿又说他们和好了，莫衷一是。不过只要一上台，谭老板唱得来劲，梅雨田弹得畅快，李五的鼓敲得也痛快，唱得拉得打得，三个之间那份默契简直是天衣无缝。

梅巧玲、梅竹芬相继去世后，一家大小的生活重担便压在了梅雨田一个人的身上。梅巧玲死时留下几间房，梅雨田操琴伴奏的戏份儿早期和一般场面差不多，后为谭老板操琴，戏份儿才有

所提高。这些要维持家庭生活本来是没有多少问题的，但梅雨田不懂理财，加上庚子年八国联军入侵，日子就更艰难了。

八国联军烧杀抢掠，无恶不作，街市一片萧条，多家戏园茶园被烧，剩下的几家也关门歇业，戏班不得不停演而断了戏份儿，演员们只得外出自谋出路。名丑萧长华为了生计不得不上街卖烤白薯，名净李寿山则上街叫卖萝卜和鸡蛋糕。

梅家虽然不至于此，但梅雨田虽是名琴师，也是演出一场挣一份儿钱，没有演出也就没有收入，梅家仅靠梅巧玲留下来的产业维持生计，时间一长，坐吃山空，富足的梅家逐渐中落，直到入不敷出、丁吃卯粮的地步。

无奈之下，梅雨田也只有外出谋生了。可是，一个琴师除了操琴演奏外还会什么呢？梅雨田万般苦恼之余突然想起他认识的一家修表店的赵师傅。赵师傅虽然从事修表业，但平时素爱听戏，尤偏爱胡琴，他和梅雨田是旧好，两人曾经互传技艺——他向梅雨田学拉胡琴，而梅雨田则向他学习修表。不久，赵师傅琴艺大长，而梅雨田也学得修表这一技艺。平时家里大小钟表都由他来修，甚至邻里亲朋家的钟表坏了也上门请他修，他也乐意帮忙，却分文不取。此时，他不得不利用这偶然学成的技艺维持生计了。

梅兰芳在外祖父杨隆寿死后，随母亲回到梅家。洋鬼子不知怎么了解到梅家有许多钟表，便三番五次前来攫取，有时一天数次，让人不胜其烦。一天，梅宅大门被敲得山响，当时只有六七岁的兰芳开门一看，原来是一个面孔黧黑的鬼子兵。也不知哪来的胆子，他居然冲着鬼子兵大叫："你怎么又来了？我认识你，你来过四趟了。"

说着，他不由分说，死命将鬼子兵往外推。鬼子兵起初被眼前这个两眼喷火的显然不知道"害怕"二字的小孩子吓了一跳，反应过来后蛮横地将梅兰芳推倒在地，一边用半生不熟的中国话说："不用你管，叫你家大人出来。"一边就大摇大摆地往里走去。不用说，已经修好的和没来得及修的钟表被鬼子搜罗一空。

从此以后，没有人再敢上门委托梅雨田维修钟表了。梅家境况越来越差。有一次连房租都交不出来了，房东又催得紧，情急之下，梅雨田的妻子胡氏卖了头上的簪子换了钱，才算过了关。

虽说不久之后，剧业恢复，但仍不景气，梅雨田重操旧业的收入也有限，一家大小的日子过得紧巴巴的。一直挨到梅兰芳成名，担负起了全家的生活费用后，梅家才算苦尽甘来。

梅雨田的作用不仅在于支撑梅家生活，更重要的是在京剧方面负有使命——引领梅家下一代继续旦角之路。在梅兰芳8岁的时候，他开始教侄儿学戏了。

二 “言不出众，貌不惊人”的少年时代

如今，人们提起梅兰芳，喜欢用“天才”这个词，甚至有人说，他生来就是唱京剧的，他就是为京剧而生。其实，他初学戏时与在私塾学文化一样，并没有表现出超过同辈的机敏和灵气，相反倒是显得有些木讷，有些“迟钝”，以至于使包括家人在内的许多人都很失望。

照常人看来，梅兰芳少时的相貌不乏可爱，一张胖嘟嘟的脸，细长的眼睛，厚厚的嘴唇，宽阔的脑门。可是照演员的标准来看，条件就不大好了。戏曲界前辈艺人说要想成为一个好演员，必须具备六个条件，即“相貌好”、“嗓子好”、“身材好”、“会唱”、“会做表情”、“会做动作”，前三个是先天条件，后三个得靠

后天培养。梅兰芳小时候，从外表上看，似乎不够聪明伶俐，关键是他的视力不良，加上眼皮老是垂着，遮挡了瞳仁，总不能对人正视；他见了生人又不爱说话，面部表情便显得有些木讷。因此，他的大姑母曾经又爱又恨地用八个字概括他——“言不出众，貌不惊人”。

梅兰芳1894年10月22日出生在北京李铁拐斜街。出生时，他和一般的婴儿并无区别，不过，哭声很响亮，很高亢。家人很欣慰地说：“又是一个唱戏的。”于是，尽管他言不出众，貌不惊人，戏还是要学的。

第一个被梅兰芳的伯父梅雨田请到家里来为梅兰芳开蒙的，是著名小生演员朱素云的哥哥朱小霞。那时，梅兰芳8岁。这年，清政府同包括俄、英、美、日、德、法、意、奥、西、比、荷在内的十一个国家签订了不平等的“辛丑条约”。当时京剧演员的培养方式除入科班学艺外，还有拜师做手把徒弟，请教师在家中授艺和票友学艺等几种形式。梅雨田为梅兰芳选择的是“请教师在家授艺”的方式。

◎幼年梅兰芳

朱小霞、朱素云、朱小芬、朱幼芬兄弟是梅兰芳的祖父梅巧玲的弟子、“云和堂”班主朱霞芬的儿子，均子承父业，数朱素云成就最突出。和梅兰芳同时受教于朱小霞的，还有朱幼芬，以及梅兰芳姑母的儿子王蕙芳。也就是说，梅兰芳、王蕙芳表兄弟是一块儿学的戏。但是，有些木讷的梅兰芳学戏较慢，往往王蕙芳一遍就能学会，他要学几遍，时时还要向蕙芳请教。

有王蕙芳的聪慧机灵作对照，梅兰芳在师傅朱小霞的眼里就成了“扶不起的阿斗”，因此对梅兰芳也就少了耐心多了粗暴。他教《三娘教子》开头的四句老腔，梅兰芳学了几个小时仍然不能上口，一怒之下，对梅兰芳斥一句“祖师爷没给你饭吃”，就拂袖而去，罢教！

谁也不知道性格内向的梅兰芳，当时自尊心会受到怎样的伤害。当他望着师傅气哼哼的背影，不知心中会有多少委屈、多少懊恼，想到又要叫祖母、伯父、母亲叹息，他的头也许会深深地低下去。其实连他自己都不知道，此时的他犹如一颗安卧在土壤里的不起眼的种子，只是在等待着阳光雨露。

梅兰芳的姑母十分疼爱兰芳这梅家唯一的根苗，不仅一再叮嘱儿子王蕙芳要照顾梅兰芳，而且在为王蕙芳添置戏衣时也不忘给梅兰芳准备同样一份，在为王蕙芳另请师傅教戏时，也让梅兰芳跟着一起学。有些苦恼又有些自卑的梅兰芳，就这样被拖拽着一路跌跌撞撞地入了戏曲之门。

许多年以后，梅兰芳成就大名。一次他在后

台遇见了当初被他气跑的老师朱小霞。朱小霞不好意思地说：“我那时真是有眼不识泰山！”

梅兰芳却笑着说：“您快别说了，我受您的益处太大了，要不是挨您这一顿骂，我还不懂得发奋苦学呢！”

真正开掘梅兰芳潜力的是吴菱仙。换句话说，吴菱仙是梅兰芳真正意义上的开蒙老师。“开蒙老师”是演员跟着学艺的第一个老师，他负责传授唱、念、身段等京剧艺术的基本功，为学生今后的艺术生涯奠定基础。演员的基本功是否扎实与开蒙老师的传授大有关系。

吴菱仙是著名的“同光十三绝”之一时小福的弟子，当时他已年逾五十，较之血气方刚的朱小霞自然要多些耐心，加上他曾经受过梅巧玲的恩惠，急欲好生教导梅家后代以报恩。更重要的是，他以他年过半百的人生阅历以及教戏经验，以为单从遗传学的角度，就可断定兰芳并非一块不可雕的朽木，因而他对兰芳倾注了比别人更多的心血。

那么，梅兰芳如何得以投奔吴菱仙门下的

呢？朱家兄弟中的朱小芬是梅兰芳的堂姐夫。吴菱仙起初是朱小芬请到家里为弟弟朱幼芬和表弟王蕙芳开蒙的，梅家得知后，便将梅兰芳也送到朱家借学。

吴菱仙心地极为善良，他不顾年老体弱，每天天不亮就带着三个小徒弟到中山公园等空旷地带遛弯喊嗓，一练就是两个多小时，练完后，他再带他们回到朱家，吃过早饭便开始教戏。吴菱仙教学步骤是先教唱词，待学生将唱词背得滚瓜烂熟后，他再教唱腔。为了让三个孩子便于接受，他在教唱腔时，总是先讲戏的剧情故事，再解释唱词含义，三个孩子理解了唱词，学起唱腔来就容易多了。

吴菱仙虽说是旧时代的先生，但却深谙儿童心理学，他知道孩子坐不住，便常变换教学方法，当他发现他们唱得有些不耐烦了，就及时收住，改教他们基本功和练身段，筋骨活动开了，人也有了精神，这时再让他们坐下继续练唱。

孩子终究是孩子，特别是像梅兰芳这么一个曾经有过逃学经历的孩子来说，对枯燥乏味的学

◎梅兰芳（前排左三）与幼年学艺时的伙伴

习更有一种本能地厌倦，因而上课开小差的事就经常发生了。吴菱仙与一般教书先生一样，教戏时端坐在椅子上，桌子上放着一块长方形的木质“戒方”。戒方的用处有两种，一是用来拍板，二是用来责打思想不集中的学生。学生站在桌旁，随时提防着戒方不知什么时候就落在自己的头上。

吴菱仙却从来没有用戒方打过他的学生，特别是对他所钟爱的梅兰芳，他甚至连大声呵斥都不曾有过，有的只是不厌其烦。他为了使学生基本功学得扎实，在桌上摆放着十个刻着“康熙通宝”四个字的白铜制钱，用这些钱代替计数器。学生每唱一遍，他便取下一枚铜钱，放在一边的漆盘内，直到十枚铜钱全部拿完，然后再将铜钱放回原处，重新开始。因此每段唱腔，学生至少要唱上几十遍。对有些比较难上口的唱段、唱腔，他更是要求精益求精，他认为只有奠定无比坚实的基础，学的东西才不至于走样，时间长了也不会被遗忘。

梅兰芳那时还小，当然不是很明白师傅的这种做法，他唱了几遍后，觉得已经唱熟了，心神便不专一了，嘴里虽仍哼唱着，但已是机械的了，原本就下垂的眼角此时更加耷拉下来了，眼睛也几乎要睁不开了。如果不是师傅提醒，他恐怕就会这么站着睡着了。吴菱仙并不用戒方打他，而只是轻轻地推他一下，暗示他打起精神来继续学习。

这样的办法，看似很土，却很有效，不仅使梅兰芳有了一个比较扎实的基础，也如同“书读百遍，其义自现”——就在那一遍遍的重复中，梅兰芳也渐渐感受到了唱戏原来是如此妙不可言。

10岁那一年，梅兰芳第一次登台。那天是1904年8月17日，农历七月初七，戏院都有演出应节戏的惯例。七月初七的应节戏，自然是唱牛郎织女的故事。

让梅兰芳正式登台演出，也是吴菱仙的主意。梅兰芳在吴菱仙的精心教导下，加上自己刻苦用功学戏开了窍，技艺进步得很快。吴菱仙既想让梅兰芳多一点实践的机会以增强其信心，同时也考虑到梅家的家境。此时梅家经济状况已无法再为梅兰芳聘请专任教师了。梅兰芳早一天登台演出，家里也就多一份收入。因此，当吴菱仙得知“斌庆社”的戏班将在“广和楼”茶园演出应节灯彩戏《天河配》时，便去和班主商议，让梅兰芳串演昆曲《长生殿·鹊桥密誓》中的织女。班主倒也爽快，一口应允。

《长生殿·鹊桥密誓》里有一个鹊桥的布景，是用道具搭成的，桥上插着许多喜鹊，喜鹊里点着蜡烛。在当时灯光布景还比较简陋的条件下，这样的场景已算是很好看的了。梅兰芳只有10岁，他是由吴菱仙抱上椅子，登上鹊桥的。站在造型逼真的鹊桥上，望着摇曳的烛光，梅兰芳很兴奋，这一兴奋倒使他忘了胆怯，面对台下叽叽喳喳的茶客，他独自放声高歌起来，很投入地开始了平生第一次的演唱。他未曾料到，这一唱就是半个多世纪，一直唱到生命的终结。

自首次登台之后，梅兰芳的生活与那个时代学戏的孩子一样曲不离口拳不离手，夏练三伏冬练三九，认真刻苦几乎到“惨烈”的程度。梅兰芳既然似乎不如人聪明，他在学戏中便也不存走捷径的想法，而将比其他人更多付出视为应当。

那段日子，他的生活极为刻板、单调、枯燥，天明即起出城吊嗓，然后练身段、学唱腔、念本子。练跷功时，他踩着跷站在一张长板凳上的一块长方砖上，一站便是一炷香的时间，直站得汗如雨下、眼泪汪汪。寒冬腊月里他踩着跷在冰面上跑圆场，常常被摔得鼻青脸肿。拿大顶时，他得忍受着头晕、呕吐等不良反应，有时竟昏倒在排练场。由此他对所谓“台上一分钟，台下十年功”有了深切的体会。

与王蕙芳、朱幼芬相比，梅兰芳自然是个“慢热”的人，正如他缓缓的、不急不躁的性格。即便是历经苦不堪言的训练，他还是睁着一双纯净却有些迷惘的大眼睛，静静地无怨地接受着命运给他安排好的一切，似乎也不急着出名、走红。

“广和楼”第一次登台后，吴菱仙又安排梅兰芳不断地在各班里串演小角色，除演传统戏外，他也演过时装戏。例如在“文明茶园”俞振庭组班演出的时装新戏《杀子报》中，里面有两个小孩子的角色就是梅兰芳和李洪春串演的。

舞台实践既开阔了梅兰芳的眼界，也使他的技艺大大进步，他的同学朱幼芬、王蕙芳此时也知道实践的重要了，不久也开始登台，幼芬专工青衣，蕙芳兼学花旦。三个孩子相继登台后，人们往往喜欢将他们相提并论，王蕙芳以天资聪慧被人称好；朱幼芬以响亮高亢的嗓音获得称赞；至于梅兰芳，梅家的第三代，摇头的人就多了，有的说他“脸死、身僵、唱腔笨”；有的感叹：“这孩子怎么就一点都不像那胖巧玲呢”；有的惋惜深深，问梅兰芳“怎么那么闷呢”。对人们的这些评论，年少的梅兰芳只是听在耳里，而照常练功演戏，如同山里的一条小溪不声不响地不停向前。随着兰芳戏艺的进步，有一天他也终于赶上了惠芳。兄弟俩一度在戏园子里同台亮相，风采相当，戏迷们戏称“兰蕙齐芳”。

梅兰芳就像是被泥沙覆盖着的宝石，泥沙只能遮住世人的俗眼，却不能遮挡伯乐的法眼。当时有一位叫陈祥林的琴师就十分看好梅兰芳，他直言：“人们看错了，幼芬在唱上并不及兰芳。”他的理由是：“目前兰芳的音发闷一点，他是有心在练‘a’音，这孩子音法很全，逐日有起色。幼芬是专用字去凑‘i’音，在学习上有些畏难。”因此，他说：“别说兰芳傻，这孩子心里很有谱，将来有出息的还是他。”

首次登台四年后，梅兰芳搭班京剧科班“喜

连成”参加演出。

梅兰芳并非严格意义上的“科班出身”，他当初进“喜连成”科班的性质，是带艺入科、搭班演出。跟他同时带艺入科的还有“麒麟童”周信芳（老生）。他俩都属马，很自然地成为好伙伴。除麒麟童之外，那段时期，梅兰芳的搭档还有姚佩兰（花旦）、“小益芳”林树森（老生）等人，他们常常合作演出。

在“喜连成”搭班演戏同时，梅兰芳继续和吴菱仙学戏，白天他在广和楼演日场，晚上，他仍住朱家，听吴菱仙说戏。吴菱仙先后教给他《二进宫》、《桑园会》、《三娘教子》、《武家坡》、《彩楼配》、《三击掌》、《探窑》、《二度梅》、《别宫》、《祭江》、《孝义节》、《祭塔》、《孝感天》、《宇宙锋》、《打金枝》，配角戏有《桑园寄子》、《浣纱记》、《朱砂痣》、《岳家庄》、《九更天》、《搜孤救孤》等共三十多出戏。因为吴菱仙是时小福的弟子，所以，梅兰芳这时期的青衣唱法随吴菱仙宗师时小福。18岁以后，他才创立了自己的流派。

这期间，除上戏园演戏外，梅兰芳还经常唱行戏。

“行戏”又称“行会戏”，是京剧戏班专门为各行各业祭祀祖师爷进行的演出，这是戏班营业性演出的一种，对梅兰芳来说，却多了一分实践的机会。当时北京三百六十行，行行都有自己的祖师爷，如瓦匠的祖师爷是鲁班，厨师的祖师爷是灶王，皮匠、鞋铺的祖师爷是孙膑等。所以，几乎行行都有行戏，大到粮行、药行、绸缎行、汇票庄行等，小到木匠行、剃头行、成衣行、轮子行（车行）、干果行、铁匠行、瓦匠行等等，各行都有固定的一日用来祭祀祖师爷，这个日子往往是祖师爷的诞辰。祭祀祖师爷的日子，也就是各行业人员大聚会的日子。这天，各行业人员凑些份子，娱乐一天，而娱乐的重要项目就是请戏班唱戏。

行戏的时间多在每年农历元宵节至四月二十八，因此，各戏班在这段时间就显得格外繁忙。好在因为各行的行戏演出时间是固定的，所以戏班和戏码都能提前定好，到时间，戏班就不再安排其他演出。

梅兰芳所在的“喜连成”在正月十五前就把戏定了下来。行会戏演出的地点除某些行业有固定的会馆外，一般的行会戏多借用精忠庙、浙慈会馆、织云公所、南药王庙、正乙祠、小油馆、江西会馆等场所。有的行会戏直接租戏园演出，而一般行会戏总离戏园不远，所以，戏班可以“分包”（一个戏班分两处或几处同时演出）。这样，演员“赶包”（就是在一处演完赶往下一处演出）也较容易。

搭班“喜连成”时，梅兰芳常常不得不四处赶场子。白天唱完营业戏和行戏，有时晚上还得赶到各王府、贝勒府和各大饭庄唱“堂会戏”。赶场的滋味实在不好受，梅兰芳少年时期便尝够了赶场的滋味，他说：“譬如馆子的营业戏、‘行戏’、‘带灯堂会’（即日夜两场戏），这三种碰巧凑在一起，那天就可能要赶好几个地方。预先有人把钟点排好，不要说吃饭，就连路上这一会儿工夫，也都要很精密地计算在内，才能免得

误场。不过人在这当中可就赶得够受的了。那时萧先生是‘喜连成’的教师，关于计划分包戏码，都由他统筹支配。有时他看我实在太辛苦了，就设法派我轻一点的戏，钟点够了，就让我少唱一处。”（《舞台生活四十年》）

梅兰芳所说的“萧先生”，是萧长华，著名丑行演员。

萧长华的照顾使梅兰芳多出几个空闲的晚上，然而，没有演出的晚上，他必须赶回家继续和吴菱仙学习，他的许多老戏都是在那时候学的。掐指算来，那时，梅兰芳每年演出的日子将近三百天，除了斋戒、忌辰、封箱等特殊日子按规矩不唱戏外，几乎寒暑不辍。除了演唱就是学习，这段时间他的生活被繁重的演出、紧张的生活、艰苦的学习所充斥，这成为他舞台生涯里最紧张的阶段。

从14岁到17岁，梅兰芳在“喜连成”待了三年，直到因为“倒仓”（即变嗓）而脱离了“喜连成”。这几年，不仅让他练就了扎实的基本功，也让他大开了眼界。除了大量观摩京剧前辈的演出，他也在演出之余常常观摩话剧。有一年冬天，著名旦角演员、戏剧活动家、“玉成班”班主田际云邀请上海王钟声领导的剧团到“玉成班”演出改良话剧，梅兰芳在看完由王钟声主演的《禽海石》、《爱国血》、《血手印》等新剧后深受启发。许多年以后，他积极创新，排演了一批时装新戏。这段时期的话剧观摩不能不说对他影响深远。

三　名师手下出高徒

实际上，梅兰芳的天资并不愚笨，他只是比同龄的孩子开窍晚了些而已，这从他善于学习便可见一斑。比如，他将观摩他人演戏并不当做纯粹的娱乐，而是作为学习的一个重要方式。那时，他在每晚演出之后，并不急着回家，始终在胡琴座的后面坐着，目不转睛地细看每一个人的表演，无论是角儿的戏，还是一般演员的戏。每看完一出戏，他都会在心里默评优势和粗劣，然后为我所用，去粗取精扬长避短。他曾这样说：

“我在艺术上的进步与深入，很得力于看戏。我搭喜连成班的时候，每天总是不等开锣就到，一直看到散戏才走。当中除了自己表演以外，始终在下场门的场面上、胡琴座的后面，坐着看。

越看越有兴趣，舍不得离开一步。这种习惯，延续了很久。以后改搭别的班子，也是如此。”（《舞台生活四十年》）

可以说，看戏对于梅兰芳来说，是业务学习中的一部分。整个学艺阶段，梅兰芳没有同龄孩子那般自由快乐，他的生活极为规律与刻板：吃饭、睡觉、学习、上台、观摩，将他的每天塞得满满当当，即使他感到活得充实却不免过于忙碌与枯燥，“甚至出门散步、探亲访友都不能乱走，并且还有人跟着，不能自由活动”，因此，少时的梅兰芳便将看戏当做唯一的乐趣了。

最让梅兰芳看得过瘾并深有体会的戏要算“伶界大王”谭鑫培，以及常陪谭鑫培唱的几位老前辈如黄润甫、金秀山所唱。在谈到看谭鑫培的戏时，梅兰芳说：“我初看谭老板的戏，就有一种特殊的感想。当时扮老生的演员，都是身体魁梧，嗓音宏亮的。唯有他的扮相，是那样的瘦削，嗓音是那样的细腻悠扬，一望而知是个好演员的风度。”（《舞台生活四十年》）

黄润甫的人品最为梅兰芳称道，他不但人缘

◎谭鑫培

甚好，颇为观众喜爱，“对业务的认真、表演的深刻、功夫的结实”无一不让梅兰芳佩服，他这样分析说：“黄润甫无论扮什么角色，即使是最不重要的，也一定聚精会神，一丝不苟地表演着。观众对他的印象非常好，总是报以热烈的喝彩。假使有一天，台下没有反应，他卸妆以后，就会懊丧到连饭都不想吃。当时的观众又都叫他‘活曹操’，这种考语，他是当之无愧的。他演反派角色，着重的是性格的刻画。他决不像一般的演员，把曹操形容得那么肤浅浮躁。”

每看一出戏，他总是进行一番评论，不但要指出他人的粗劣之处，更注重吸取他人的长处。观摩久了，在演技方面，他不知不觉有了提高，慢慢地在台上“一招一势，一哭一笑都能信手拈来”。所以，他一直认为“一面学习，一面观摩的方法是每一个艺人求得深造的基本条件”。当他许多年以后也带徒弟时，不但要求学生看本工戏，也要求他们各行角色都要看，他说：“看的范围愈广愈好。”

如此长期观戏、评戏和实践，不仅使他的演技逐日提高，同时也造就了他日后从善如流的处事态度。

观摩前辈演戏，不如请前辈教戏。

负责教授梅兰芳武功的是茹莱卿。他是梅兰芳外祖父杨隆寿的弟子，但他并不是“小荣椿”科班出身，而是杨隆寿在创办“小荣椿”科班前收的徒弟。他40岁前工武生，长靠短打都很出色，与名武生俞菊笙同台合作过多年，40岁以后他拜梅雨田为师学习胡琴，以后为梅兰芳伴奏多

年。

武功是戏曲演员必不可少的表演方式，武生、武旦自然以武功为主，青衣、花旦同样需要武功，在科班中，学生以学习武功为先，然后再分行，分行后，还要进行本行的武功训练，可见武功的重要。

梅兰芳随茹莱卿学习武功是从打“小五套”开始的。“小五套”是打把子的基本功夫。所谓“把子”就是戏曲舞台上的“兵器道具”，如刀、枪、剑、戟、斧、钩、叉、棍、棒、拐子、流星、鞭、锏、锤、抓等等，统称“刀枪把子”。“毯子功”、“腰腿功”与“把子功”并称“三功”，是科班学生的基本功。“小五套”含有五种套子，即灯笼炮、二龙头、刀转枪、十六枪、甩枪，打的方法都从“么二三”起手，接着你打过来，我挡过去，分上下左右四个方向对打。虽然演员上台开打后都不用这五种套子，但五种套子却是学好别的套子的基础，学好五种套子，再学别的就容易多了。

练好“小五套”，梅兰芳接着学“快枪”和

“对枪”，这是台上最常用的，两种打法是不同的，“快枪”打完后是要分出胜负的，而“对枪”则不分胜负。

练完手上的，再练胳膊和腰腿。胳膊、腰、腿有三种基本功：一是“耗山膀”，就是左手齐肩抬起，右手也抬到左边。两手心都朝外，右手从左拉到右边，拉直了，要站得久，站得稳，才见功夫；二是“下腰”，就是两脚分开站定，中间有“一脚裆”的距离，两手高举，手心朝外，眼睛对着两个大拇指，人往后仰，练到手能抓住脚腕，梅兰芳承认他没能练到这个程度。三是“压腿”，就是用一条腿架在桌上，身子要往腿上压下去，直压到头能碰到脚尖。

除此之外，武功的其他必修课，如虎跳、拿顶、扳腿、踢腿、吊腿等，梅兰芳就没有练过了，他毕竟是旦角演员，也没有必要练得那么深了。

茹莱卿的武功教得细致严格，梅兰芳学得全面牢固，而刀马旦戏则是梅兰芳另一位老师路三宝的专长了。

路三宝比梅兰芳大17岁，科班出身，初学须生，后改花衫、刀马旦，和谭鑫培、王瑶卿等人均有合作。梅兰芳搭班“喜连成”那年，路三宝和马德成、郝寿臣等人到朝鲜望京戏院演出，他们可以算做是帝制时代第一批把京剧传向国外的演员。梅兰芳随路三宝学会的最重要的一出戏便是《贵妃醉酒》。以后经过数次修改，这出戏日后成了他的保留剧目，一直演到老。

除此之外，还有几位老师也是梅兰芳所不能忘怀、终生感激不尽的。

初时学戏，梅兰芳专工青衣，戏路是时小福派的纯青衣路子。时小福之后，陈德霖可谓青衣演员的代表人物。他的表演艺术，着重继承老派青衣的传统，以唱为主，接近时小福的唱法，兼用徽音，声音嘹亮高亢，他的唱腔中有些也采用胡喜禄设计的新腔，因他嗓音圆润、气力充沛、调门高，在青衣唱法上，他还创造了在尾音将要收住以前一甩的峭拔唱法，为唱腔增添了艺术感染力。

同时，陈德霖的昆曲根底深厚，十分讲究字

音声韵。那时的演员学戏都从昆曲入手，因为昆曲的历史最悠久，在皮黄创制以前它就存在，观众先入为主。尽管皮黄发展很快，及鼎盛时期时，观众仍无法舍弃昆曲，昆曲始终有它一席之地。另外，昆曲的身段、表情、曲调非常讲究，是学好皮黄的基础，学好昆曲再学皮黄就容易多了，皮黄里的许多东西都是从昆曲里吸收过来的。梅兰芳和尚小云、姜妙香、韩世昌、姚玉芙、王蕙芳等人有幸成为陈派弟子，得到了陈德霖昆曲旦角戏的亲传。因而，梅兰芳的昆曲根底深厚也就不足为奇。

梅兰芳在向陈德霖学习昆曲的同时，也向名净李寿山学习昆曲。李寿山人称大李七，是尚小云的岳父，他与陈德霖、谭鑫培、钱金福都是程长庚“三庆班”的学生，他初唱昆曲旦角，后改架子花脸。梅兰芳的《金山寺·断桥》、《风筝误》和《昭君出塞》就是李寿山所教。

钱金福是京剧史上一位有影响的架子花兼武花演员，他一生辅佐谭鑫培、余叔岩和杨小楼，成为他们不可分离的左右手。梅兰芳向钱金福学

会了两出小生戏，一是《镇檀州》，一是《三江口》。这两出戏，梅兰芳虽然只是在堂会上唱过，没有在戏园里唱，但为他后来在《木兰从军》中反串小生打下了基础。

梅兰芳似乎很早就懂得拿来主义，更清楚每个人都有独特之处。他遍拜名师，并将他们的独特之处拿来为我所用，方创立了别具一格的“梅派”。因而，“梅派”并非凭空而造，也不是他躲在角落暗自摸索所能创立的。它吸取了众家所长，融合了梅兰芳更深层次的理解和更丰富的舞台经验。

继承陈（德霖）派并有所创新而创造了“花衫”行、对梅兰芳影响极大的，是王瑶卿。可以说，王瑶卿在梅兰芳的演艺生涯中是个举足轻重的关键人物。所谓“花衫”，兼取青衣行的“衫”和花旦行的“花”，合而二为，形成“花衫”。因此，王瑶卿堪称京剧表演艺术的革新家、戏曲发展史上继往开来的艺术大师、京剧承前启后的重要人物。

京剧形成初期，旦行中青衣、花旦的界限划

分得相当严格，演青衣的演员不能演花旦，演花旦的不能兼演青衣。青衣是正旦的俗称，因所扮演的角色常穿青色褶裙而得名，而花旦大多饰演的是活泼开朗、动作敏捷、聪明伶俐的青年女性。青衣讲究唱功，不讲究表情、身段，面部或毫无表情或冷若冰霜，因为青衣多饰演计重的中青年妇女，所以，演员出场时往往采取抱肚子身段，一手下垂，一手置于腹部，稳步前行，身体不许倾斜。与青衣正好相反，花旦不讲究嗓音和唱腔，重点在表情、身段、科诨，服装多夸张、绚烂。正因为青衣、花旦有本质的区别，所以要求演员不得兼演。

最先打破这一成规的，是梅兰芳的祖父梅巧玲以及和梅巧玲同时代的旦角演员胡喜禄。他们大胆地将青衣、花旦糅为一体。当年梅巧玲接演《雁门关》里的萧太后一角时，发现这个人物在表演上既需要有“青衣”的端庄娴静，又需要有“花旦”的爽朗大方，既要能“唱”，又要精于“念”和“做”，于是，他在演出时，不仅运用了青衣的唱工技巧，也吸收了花旦的念白和表情，将萧太后这个人物塑造得栩栩如生，活灵活现。

梅巧玲的弟子余紫云又很好地继承了这一创造，他的青衣戏路私淑于胡喜禄，而花旦戏路自然为师傅梅巧玲所传授。

余紫云之后，便是有“通天教主”之称的旦角新一代领军人物王瑶卿。梅兰芳初学戏时，在专工青衣同时也兼学花旦，这为他日后光大“花衫”而打下了坚实的基础。

王瑶卿1881年出身梨园世家，父亲曾是清代著名昆曲青衣演员。他继承父业，起初也学青衣。在梅巧玲、胡喜禄、余紫云之后，他改革的步子迈得更大，完全打破行当局限，兼取青衣、刀马旦、闺门旦、花旦和昆旦各工之长，创造性地建立了“花衫”这一新行当，丰富了京剧旦角艺术。在他之后，梅兰芳更将“花衫”发扬光大，创排了一系列古装歌舞剧。所以，京剧界在评介王瑶卿时，都说他“博揽众长，承先启后，他上承梅巧玲、余紫云的衣钵，下开梅兰芳、程砚秋之端绪”。戏曲理论家徐凌霄誉之为“非青

◎王瑶卿

衣、非花旦，卓然自成一宗”。

所谓“花衫”就是既非青衣、又非花旦，更不是刀马旦，而是将青衣、花旦、刀马旦糅合在一起。王瑶卿之所以这样创造，是因为他很清醒地意识到，时代的向前发展使京剧剧目也不断得以丰富，而新的剧目推出了一些新的妇女形象，这些新形象，无论用青衣抑或花旦都不能恰如其分地表现出来，而只有将它们兼收并蓄、熔于一炉，才能满足舞台表演的需要。

在具体的唱法、唱腔等细节上，王瑶卿也大胆革新。他一改青衣不张嘴，听起来有音无字的传统唱法，用张嘴音使观众能够听清楚每个唱词，做到了真正意义上的字正腔圆。他继承老腔，但更创造新腔。传统老戏《玉堂春》以前一直是以生行为主，旦角苏三始终是配角，只唱“散板”。王瑶卿大量创新出“回龙”、“慢板”、“原板”、“二六”、“流水”等唱腔，逐渐使该戏成为以旦角为主的唱工戏。梅兰芳就是从唱新腔《玉堂春》开始在京城引人注目的。

当然，梅兰芳最先接触“花衫”，并非《玉堂春》，而是《虹霓关》。当时，他在看了王瑶卿演出《虹霓关》后，对“花衫”这一新行当极感兴趣，他央求伯父梅雨田介绍他拜王瑶卿为师，梅雨田欣然应允。

王瑶卿与梅雨田交情深厚，对梅兰芳拜师的要求，满口答应。不过，他坚决不同意梅雨田提出的行拜师礼。过去拜师学艺有一套种序，尤其拜名师，仪式更为隆重、繁琐，不仅要有引荐人的引存，更要在征得老师同意后，在饭店举行拜师仪式，所有费用由学生全包，老师则要写收徒帖，向同行散发，邀请参加收徒仪式。行礼这天，学生首先要向祖师爷磕头，然后分别向师傅、引荐人、师伯师叔磕头认师，还要拜见各位师兄。仪式结束，学生随老师回家，还要拜见师娘、师兄、师嫂等，一一呈上见面礼。

王瑶卿不同意梅兰芳行拜师礼是因为辈分问题，他对梅兰芳说："论行辈我们是平辈，咱们不必拘形式，还是弟兄相称，你叫我大哥，我叫你兰弟。"梅兰芳拗不过，答应了。虽然两人以兄弟相称，但王瑶卿终究是梅兰芳的老师。他的教学主张是：昆乱并学，文武兼备，循序渐进，由简入繁，在排演实践中则要熟知全剧，兼晓各行，表演真实自然，神形兼备。他教戏认真、细致、一丝不苟。

梅兰芳不仅向王瑶卿学到演戏的技艺，更从他那里学到不少为人的道理。王瑶卿对梅兰芳从不留一手，他把他从万盏灯（李紫珊）那里学到并一炮唱红的《虹霓关》全部教给了梅兰芳，在梅兰芳学会此剧并上台演出此剧后，他自己再也不唱这出戏了，表现了艺术家“让戏”的高尚品德。受王瑶卿影响，日后梅兰芳收徒教戏，也是如此。

继《虹霓关》之后，梅兰芳又从王瑶卿那里学会了《汾河湾》和《樊江关》，这两出戏都是唱工少，说白多，重在表情和做派。成年后的梅兰芳与谭鑫培合作《汾河湾》，与王瑶卿合作《樊江关》，都取得极大成功，这与王瑶卿早期的教导是分不开的。如果说“花衫”是由王瑶卿首创的话，那么，将“花衫”发扬光大并赋予新内容的便是梅兰芳。从这个意义上说，王瑶卿称得上是梅兰芳的引路人。

四　养鸽子锻炼了眼力

梅兰芳17岁的时候，倒仓（也叫倒嗓、变嗓、变声，是演员在青春发育期，嗓音由童声变为成人的必经过程）了。在倒仓期间，梅兰芳做了两件大事，一是结婚，二是开始养鸽子。

梅兰芳娶的这位妻子叫王明华，与他可谓门当户对，她也出生于一个京剧家庭，父亲王顺福工花旦，胞兄王毓楼，是著名的武生。王明华处事干练，能吃苦，会持家，而且通情达理。她刚嫁过来时，梅家还不富裕，她毫无嫌贫之意，而是尽心尽力操持家务。她的手也很巧，梅兰芳有件过冬的羊皮袍，因为穿得时间太久了，皮板子已经很破，但经她的巧手缝缀，就又可以让梅兰芳多穿一个冬天。每每看到妻子于天寒地冻的雪

◎梅兰芳与王明华

夜坐在被窝里就着昏暗的光线一针一线地缝补时，梅兰芳的心中就充满愧疚和感激。

随着梅兰芳渐渐走红，收入日增，又见王明华如此能干，梅雨田便放心地将家里银钱往来、日常用度的账目交由王明华。在她的细心安排下，梅家虽未大富大贵，但也安逸。

王明华与梅兰芳十分恩爱，结婚的第二年就生了个儿子，取名大永；隔了一年又生了个女儿，唤作五十，儿子女儿都很乖巧。那时梅兰芳每当散戏回家，总是与媳妇儿说起演出的情况，一边与儿女嬉戏，沉醉在天伦之乐中。

王明华不仅在生活上照顾梅兰芳，也是梅兰芳事业上的帮手。为了长伴在梅兰芳身边，王明华在生了一双儿女之后，一时考虑不周，贸然做了绝育手术，却不料日后大永和五十两个孩子因为当时的医疗条件太差而相继夭折了。为此，后来，梅兰芳不得不在王明华首肯的前提下另外娶了福芝芳。

至于为什么会突然心血来潮养起了鸽子，就连梅兰芳自己，日后也不记得了。总之，他养鸽子，到了如痴如醉的地步。更让他没有想到的是，他因为养鸽子，意外地治好了他那双眼皮一直耷拉着显得没精打采、让他无比苦恼的眼睛。

经过几年的学习、实践后，梅兰芳积累了不少舞台经验，演技也大有进步，他却更烦恼了，烦恼的就是那双眼睛。一个演员，眼神有多重要，他是深有体会的。因为在许多时候，演员很需要用眼神、身段来表现人物性格。然而，梅兰芳总觉得自己的眼珠转动不够灵活，转动不灵有时会显出呆滞，自然影响表演，他自己着急不说，家人也为他担心，特别是梅雨田，更加担心这双眼睛会影响梅兰芳的艺术前程。虽然大家想了不少办法，但始终没有根治。

无心插柳柳成行。许是天注定，命运安排梅兰芳爱上了养鸽子，这一养居然就将他养成一双“神光四射、精气内涵”的好眼睛，为他最终登上艺术巅峰而扫清了障碍。

梅兰芳养鸽子，起初也许只是出于好玩，所以只养了几对，拿它当一种业余游戏，他说鸽子“不单是好看，还有一种可听之处。有些在尾巴中间，给它们带上哨子，这样每一队鸽群飞过，就在哨子上发出各种不同的声音。有的雄壮宏大，有的柔婉悠扬，这全看鸽子的主人，由他配合好了高低音，于是这就成为一种天空里的和声乐队”。

养了一阵后，梅兰芳的兴趣越来越大，从每

天抽一点时间发展到“乐此不疲地成为日常生活中必要的工作”。同时鸽子也越养越多，从几对发展到一百五十对，品种也极其繁多，有中国种，也有外国种。他回忆道：“鸽子的种类太多了，有能持久高飞的，越飞越远，从北京可以放到通州、天津、保定府，来回送信，这是属于军队里的信鸽一类。有一类能在黑夜起飞的叫做夜游鸽。还有一种鸽子，会在天空表演翻筋斗的技术，有的翻一两个，有的能够一连串地翻到许多个。这种样子，在下面的人望上去，就跟飞机在空中表演翻筋斗一样。另有一种专门讲究它的体格、羽毛、色彩的，五光十色，非常美观。有些专做贩卖鸽子的，他们还会把普通的鸽子，用各种方法配合成了异种，再待价而沽。”

梅兰芳养鸽子颇辛苦，每天很早起床，吊嗓练唱后，他便忙着给鸽子们喂食，喂水。梅家的四合院，院两边都被他用做鸽子棚，棚里面用木板隔出许多小鸽子窝，门上挖有一小洞，使空气流通，每个窝里放一个草团，摆一个水罐，水罐四周挖一圈小孔供鸽子伸进头去喝水。喂完食后，他便开始清理鸽子棚。他不但每日清扫鸽子窝，还三天两头为鸽子们洗澡，上百只鸽子逐一洗过，工作量之大是可想而知的。每只鸽子健康壮实当然无话，若有鸽子生病，可就急坏了梅兰芳，他要赶紧为病鸽治病，为防止传染，得为它搬新家，将它搬入隔离病房，还得时刻观察它，看它是否有所好转、是否病得更重。

放飞鸽子，梅兰芳很有经验，他不是将所有的鸽子一股脑地全部放出去，而是根据鸽子飞行力的强弱，一队队将它们放出去，先放飞行力最强的，再放第二队、第三队……直到全部放完。鸽子虽然都上了天，梅兰芳却不能闲下来，他既要观察鸽队飞行状况，又要训练新鸽飞行。训练新鸽的办法是，先练成一部分老鸽，等它们能飞得很高很远，而且会飞回来了，就将几只新鸽子混在老鸽子中，让新鸽跟着老鸽一起飞。

几队老鸽子飞够了，便聚集在一起，围着房子打转，梅兰芳知道它们是想下来了，他可不能让它们自由自在，他得让它们训练新鸽子。于是，他手拿长竹竿，用竹竿指挥着它们，同时将飞行能力弱的新鸽子再一一朝上抛，让它们跟着老鸽子。老鸽子不但能带领新鸽子飞行，还能驱赶鸽鹰。鸽鹰专爱扑食鸽子，而每当有鸽鹰出现时，经验丰富的老鸽能迅速带领鸽群飞离危险地点。所以，尽管有些老鸽体力、机能都有所减退，梅兰芳却一直没有让它们退休。

看时间差不多了，梅兰芳会让鸽群在房上休息片刻，手挥长竹竿指挥它们回到各自的小窝，再给它们喂食、喂水。一天反复几次，把梅兰芳累得够呛，他说："侍候一大群鸽子，比伺候人还要麻烦得多。"

除了会放飞，梅兰芳还很会训练鸽子，他的说法是"养鸽子等于训练一个空军部队，没有组织能力是养不好的。"他训练鸽子的方法是："把生鸽子买来，两个翅膀用线缝住，使它们仅能上房，不能高飞，为的是让它们认识房子的部位方向，等过了一个时期，大约一星期到十天，先拆去一个翅膀上的线，再过几天，两翅全拆，就可以练习起飞了。"鸽子会飞了，梅兰芳在长竹竿上绑上红绸，这是让鸽子起飞的信号，换上绿绸就是命令它们下降。

梅兰芳对养鸽子之所以有如此大的瘾，是因为他觉得养鸽子很有趣，特别是当成群的鸽子在天空飞翔而搞不清哪几只是自家的，哪些是别人家的时候就更有戏了，他说：“遇到别家的鸽子群，混合到一起的时候，就要看各人训练的技巧手法了。也许我们的生鸽子被别家裹了去，也许我们的熟鸽子，把别家的裹回来了。这是一种飞禽在天空斗争的游戏。鸽子的身上，都有标记，各家可以交换，也同战场上交换俘虏一样的。有时候发生了误会，双方不能谅解，甚至于还会闹出用弹弓打伤对方的鸽子，来表示报复泄愤的事。”

梅兰芳养鸽子一养就是十年，直到因戏务繁忙抽不开身来为止。谈到自己养鸽收益，他总结了三条：“第一，养鸽子的人，先要起得早，能够呼吸新鲜空气，自然对肺部就有了益处。第二，鸽子飞得高，我在底下要用尽目力来辨别这鸽子是属于我的，还是别家的，这是多么难的事。所以眼睛老随着鸽子望，愈望愈远，仿佛要望到天的尽头、云层的上面去，而且不是一天，天天这样做，才把这对眼睛不知不觉地治过来的。第三，手上拿着很粗的竹竿来指挥鸽子，要靠两个膀子的劲头。这样经常不断地挥舞着，先就感到臂力增加，逐渐对于全身肌肉的发达，更得到了很大的帮助。”

57岁那年，梅兰芳在台上演出《穆柯寨》，台下一位操天津口音的看客，指着台上的梅兰芳，悄声对身旁一位白发老太太说：“57岁的人，身板还能这样利落，你瞧他那双眼睛，多么有神……”

的确，梅兰芳直到老年，眼神都还十分传神。不仅如此，演《贵妃醉酒》时，穿着分量十分重的宫装，照样能做下腰身段；演《穆桂英挂帅》、《霸王别姬》，手臂挥舞自如而不感僵硬吃力。这一切，都与他年轻时养鸽子的经历有关，他说他很感激当年每天挥舞的那根长竹竿呢。

回头来看，他在倒仓期间养鸽子的行为，客观上锻炼了眼力和身板，为日后迅速走红做着技

术上的准备。

倒仓过后，梅兰芳唱的第一出戏叫《玉堂春》，是一出“新”戏。也许不能武断地说，一部《玉堂春》让梅兰芳一夜成名，但至少可以说，这部戏让他在京城的舞台上开始引人关注。

说《玉堂春》是“新”戏，是相对的。它本身是一出老戏，但唱腔却被改成了新腔。从这个意义上说，它是“新”戏。而将老腔老调的《玉堂春》创造为娓娓动听的新腔《玉堂春》，功劳应归于梅兰芳伯父梅雨田的一位外界朋友林季鸿。

林季鸿祖籍福建，生长于北京，他虽不在戏界，也不是票友，却是个戏迷，业余时间除听戏外，还时常揣摩、研究青衣腔调，更热衷于研究新腔。他将改好的《玉堂春》新腔首先教给了杨韵芳。梅雨田从杨韵芳那里听到后觉得新编《玉堂春》虽有林季鸿编的新腔，但仍不失王瑶卿的唱腔风格，因此更加动听而且耐听。

梅雨田回到家后立即就将新腔《玉堂春》教给了梅兰芳。说是新腔，其实并无质的变动，但与老腔老调相比，它还是有所不同的，耳尖的戏迷自然一下子就听出了差异，于是立即就有两种截然相反的意见出现：保守的人认为这是标新立异，离传统过远，而思想比较进步的人士则认为新腔无论如何比老腔好听，应该不断对老腔进行扬弃。

理论上的争来辩去其实毫无意义。戏曲音乐家陈彦衡有一句话说得很透彻，他说："腔无所谓新旧，悦耳为上。"无论是林季鸿，还是王瑶卿，经他们手改编成的新腔无一不是以悦耳动听取胜。《玉堂春》可以说是其中的代表之作，成为京剧青衣演员必唱曲目。梅兰芳就说过："这几十年来青衣一行是没有不会唱《玉堂春》的。"

《玉堂春》是一出唱工戏，演员没有基本功是唱不下来的，梅兰芳说："从前老师开蒙教戏，总是西皮先教《彩楼配》，二簧先教《战蒲关》，反二簧先教《祭江》，没有听说小学生先学《玉堂春》的。可见得唱工如果没有点功夫，是动不得的。学会了《玉堂春》，大凡西皮中的散板、慢板、原板、二六、快板几种唱法都算有个底子了。”

《玉堂春》的唱工不是一般的唱工，梅兰芳说：“别的唱工戏，总有休息的机会，不像它老是旦角一个人唱，还要跪着唱。”演员按剧情必须跪唱，《玉堂春》可谓是开了先河，因为有大段唱腔，只有演员独自一人在台上跪唱，如若设计不好就会给人以沉闷乏味之感，演员辛辛苦苦唱了半天或许还会吃力不讨好。而《玉堂春》唱了许多年，观众仍兴味盎然，足见《玉堂春》设计者的设计水平了。

演出《玉堂春》时，梅兰芳还没有实践“花衫”的机会。他对这出戏的兴趣在于它的新腔。此时，他正对“新”有着极强的敏感，喜欢新，追求新，况且这是一部展示唱工的戏。因此，他赋予了这出戏太多的意义。

也是从《玉堂春》开始，梅兰芳演每出戏之前都会认真地分析唱词、研究剧情、揣摩剧作者的用意，然后融入自己对剧情的理解。因此，他饰演的角色无一雷同，既美丽动人又各具个性。肯动脑、善钻研是他对演戏的一贯态度，这或许就是他最终获得成功的原因之一。

从10岁登台，到17岁因演《玉堂春》而开始走红，其间跨越了七年时间。懵懂的梅兰芳在渐悟了七年之后，终于以此作为腾飞的契机。

五　与齐如山的“黄金组合”

梅兰芳演出《玉堂春》那年，也就是他17岁的时候，北京戏界举行了一次菊选。在经过专家评选、观众投票后，公布了菊榜，位列状元、榜眼、探花的分别是朱幼芬、王蕙芳、梅兰芳。显然，此时，梅兰芳的名声，还不及和他一起学戏的两个同学。不过，仅仅一两年之后，他后来者居上，声名鹊起，相当叫座了，一度超越了朱、王二人。什么原因呢？除了他自身有天分、肯努力外，与一个叫齐如山的人也很有关系。

梅兰芳是个善于接受新鲜事物的人，这从他在辛亥革命后率先剪掉辫子，便可见一斑。

民国成立后不久，政府下了剪辫子的命令，可当时还是观望的人多，真动手剪的人少。梅兰芳却在民国元年的6月里剪去了他自称是“脑后这根讨厌的东西”。当时在北京城的戏班子里，他是剪辫子较早的一个。从中我们可以看出，他是一个既不保守又不因循守旧、积极追求新生事物的人。日后，他在艺术上不墨守成规、勇于创新便是他的个性使然。

梅兰芳自己剪去了辫子不够，还百般鼓动梅雨田。梅雨田毕竟年长侄儿数十岁，思想自然不如侄儿新潮。对于剪辫子一事，他起先犹豫不决:这辫子平日里虽说麻烦，但毕竟已留了四十多年，生下地就开始留着的，一朝剪去，不习惯不说，还真有些舍不得。可是梅兰芳天天劝他，什么省去了每天起床后梳头的麻烦如何轻松，睡觉时后枕又如何自在，直说得梅雨田心里痒痒的。

梅兰芳见机，又趁热打铁道：“明天我给您到洋行去买一顶巴拿马的草帽，让我给您剪了这根累赘的辫子，您把草帽戴上，那才好看呢！”梅雨田点点头，同意了。第二天下午，梅兰芳先把草帽买回家，然后亲自动手将伯父的大辫子给剪了下来，又给他戴上草帽，拿镜子给他前后照

照。梅雨田没说什么，神情间仿佛也还满意。

侄儿精心挑选的那顶细软的草帽，梅雨田只戴过几回。两个月后，8月28日，梅雨田病逝，梅兰芳舍不得将那顶草帽扔掉，将它转赠给别人了。

生活中如此，在艺术上，他也乐于听取不同意见，与齐如山的相识就是缘于“一个建议”。

那还是在梅兰芳首次赴沪演出之前，梅兰芳与谭鑫培合作《汾河湾》。他按照既定程式在谭鑫培扮演的薛仁贵在窑外独唱时，自己进窑后用椅子顶住窑门，然后一直背向观众而坐，并无动作。齐如山曾经留学西欧，对戏剧颇有研究，一直存有改革中国京剧的念头。在看《汾河湾》之前，他注意梅兰芳已经很久了，觉得他天赋很好，只可惜仅受过传统的师傅手把手的传授，而缺少更深层次的文化内涵，但他又觉得梅兰芳可塑性很强，便一心想着找机会帮帮他，《汾河湾》给了他机会。

他认为此时梅兰芳扮演的薛仁贵的妻子柳迎春在苦等了丈夫十八载之后，丈夫已经回来在窑

◎齐如山

门外向她诉衷肠，她不应该是坐着毫无动作的，恰恰应该有所反应，而且这反应要随着薛仁贵演唱的深入而不断加大。

为此，他给梅兰芳写了一封长达三千字的信，详细阐述了自己的意见，又以为此时的梅兰芳名气渐长，恐难听得进外人建议，便不敢抱奢望。谁知，当他再观《汾河湾》时，却见梅兰芳

为柳迎春加了身段，而且完全符合他的“层层递进”的设想。

梅兰芳看过齐如山来信后的心情与齐如山眼见梅兰芳听从他的建议后的心情一样——激动。原因有二：一是齐如山在信中对梅兰芳的称呼是“梅兰芳先生”。戏曲演员的社会地位虽说在清末有所提高，但这只限于纵向而言；横向比，他们的地位仍然是低的，连对他们的称呼如“戏子”、“小友”等，都含有极浓的侮辱之意。梅兰芳生长于清末民初社会巨大变革之中，自然接受到更多的新思想。因而当他首次被称呼为“先生”时，感受到了何谓“尊重”。

另外一个原因是长期以来梅兰芳的心里始终有个疙瘩，那就是梨园界沿袭下来的惯例、陋习紧箍着如他一样向往创新的演员的手脚。他渴望改变，却又发觉在文化上他是欠缺的。也正是因为惯例和陋习，他和其他梨园界的孩子一样自小学戏，而学戏的方式便是逐字逐句、一板一眼地跟随着师傅，师傅唱一句，跟着唱一句，至于唱词的内容以及背后所蕴涵着的文化，师傅不懂，自然也就不会教。这样的教学模式一代代传下来，梨园艺人文化底蕴不足就不足为奇了。

梅兰芳很早就意识到了这个问题，他一直有心创新，也有悟性和灵性，却深感文化不足而造成的力不从心。对于处理《汾河湾》里柳迎春这个角色，他之所以立即就接受了齐如山的建议，是因为他感受到了文化的魅力。从另外一个角度说，《汾河湾》也是梅兰芳尝试“花衫”表演方法的开始。

之后，梅兰芳不断地接到齐如山的来信。齐如山在每封信里都详细谈了他的观戏心得。两人就这样通信长达两年，却从来没有正式见过面。其实，齐如山并非没有见面的愿望，但他当时有顾虑。他这样说：“一因自己本就有旧的观念，不大愿意与旦角来往；二则也怕物议，自民国元年前后，我与戏界人来往渐多，但多是老角，而亲戚朋友本家等等所有熟人都不以为然，有交情者常来相劝，且都不是恶意，若再与这样漂亮的旦角来往，则被朋友不齿，乃是必然的事情，所以未敢前往；三则彼时相公堂子被禁不久，当芳离开这种营业，为自己名誉起见，决定不见生朋友，就是从前认识的人也一概不见，这也是我们应该同情的地方。”

直到梅兰芳的手上已经积攒了厚厚一摞、数数足有上百封信后，他们这才见了面。率先提出见面的，是梅兰芳。那是在1914年夏的一天，齐如山仍像往常一样去戏馆观看梅兰芳的演出，意外地收到梅兰芳托跟包大李送到台下来的一封约他见面的信，这令他欣喜万分。

梅兰芳是连续接到齐如山多封信之后才开始注意这位总是坐在池子前排、有着一张黑脸、留着一簇小胡子、中等身材、穿一套朴素西装的老听众的。起初他并不知道这人就是齐如山，只是感到有些眼熟。眼熟的原因是梅兰芳曾经听过齐如山的演讲，但那时毕竟台上台下，因此没有留下什么印象。当他发现每有他的演出，此人必在台下观看时，渐渐想了起来。这位有些眼熟的小老头就是常给他写信提建议的齐如山。这天戏毕，他托大李给齐如山送去了一封信。

齐如山如约来到梅宅，虽是初次见面细谈，

但因为有百封信件垫底，两人倒也不觉得陌生。这天，两人相谈甚欢。梅兰芳嘱咐齐如山以后不必再烦神写信了，有什么问题、意见、建议可直接上门指教。齐如山自然应允。

对梅家，对梅兰芳，齐如山的第一印象是“很好”，他说：“梅兰芳本人，性情品行，都可以说是很好，而且束身自爱，他的家庭，妇人女子，也都很幽娴贞静，永远声不出户。”他认为梅家“与好的读书人家也没什么区别”。

去过一次梅宅，见过梅兰芳并与之深谈过一次后，齐如山以往的顾虑已荡然无存。从此，他常去梅宅。在梅宅，他发现梅兰芳交友十分谨慎，“本界的亲友，来往的已经不多，外界的朋友更少”。他在梅宅常见到的是梅兰芳的启蒙老师吴菱仙、昆曲老师乔蕙兰，他们四人常常一起吃午饭，一起讨论旧剧。

从时装新戏《一缕麻》开始，齐如山开始担任梅派新戏的编剧，从此辅佐梅兰芳长达二十多年，直到梅兰芳离京迁居上海之后。

与其他艺人傍靠“大官”或“商人”为捧白

己不同，梅兰芳更多地结识有文化的知识分子。在他18岁左右时，除了齐如山，京师大译学馆的学生如张庾楼、张孟嘉、沈耕梅、陶益生、言简斋，以及从日本留学回来的如冯耿光、吴震修、李释戡、黄秋岳，都由他的观众转而成为他的朋友。

这些朋友不仅在事业上帮助他，也在生活中时时提醒他。刚刚成名时，梅兰芳仅仅20岁，尽管本质上是个本分之人，但也有一般年轻人共有的特质，比如喜欢时髦追求刺激。那时社会上一度流行颜色和花样都带点“匪气”的衣饰，有人甚至将五色丝线织的花带子扎在腿上，非常刺眼。梅兰芳觉得新奇好玩，也买了一副绑在腿上。吴震修看见后，笑道：“好漂亮，你应该到大栅栏去遛弯，可以大出风头。”聪明的梅兰芳立即就听出话中的讥讽味儿，羞了个大红脸，随即改了这怪异的装束，从此再也不作此想。

人们都知道梅兰芳在北京的书斋名为“缀玉轩”，抗战时移居上海，上海的书斋名为“梅花诗屋”。其实“缀玉轩”一开始并不是书斋名，而是早年由他的支持者所组成的一个团体的名字，这个组织俗称“智囊团”，只是因为当时没有“智囊团”这个说法，外人也称其为“梅党”。

除了以上如齐如山、冯耿光等人是梅党成员外，后来又有诗人罗瘿公，画家王梦白、陈师曾、齐白石、姚茫父等加入，使缀玉轩充盈着浓厚的文化艺术气氛，也使梅兰芳不再像他的父辈那样局限于狭小的戏曲小天地里。他们不仅为梅兰芳在演剧方面出谋划策，梅兰芳更从他们身上吸取文化素养。都说“梅派”艺术特征是饱含浓厚的文化底蕴，这与梅兰芳注重与知识分子的结交不无关系。

六　机智应对“刁难”

梅兰芳的名气不仅一跃而超过了他的两个同学，甚至大有盖过“国剧宗师”杨小楼和“伶界大王”谭鑫培之势，有人还极端地说，老谭对小梅也望尘莫及了。此说并非空穴来风，倒也是有事实依据的。

一次，正乐育化会（戏界自治团体）附属小学育化小学为筹款，邀戏界名角在大栅栏广德楼演义务戏，当晚安排谭鑫培演大轴。因为依照习惯，大轴戏或压轴戏多由名角儿出演，因而除安排谭鑫培演大轴戏外，压轴戏由杨小楼担当。梅兰芳、王蕙芳的《樊江关》被安排在倒数第三出。

不凑巧那天梅兰芳另外还有三处堂会戏，赶

不及广德楼的义务戏。当倒数第四出戏演完后，梅兰芳未能赶过来，杨小楼的戏便提前上演了。当时戏馆老板如此安排是以为有杨小楼、谭鑫培最后压阵，有没有梅兰芳都无所谓。谁料想，他们低估了梅兰芳在戏迷心目中的地位，当台下戏迷发现应该是梅兰芳出场，而出来的却是杨小楼时，他们认为当时杨小楼的名气比梅兰芳大，杨小楼绝不会与梅兰芳调换演出顺序，从而让梅兰芳演压轴，由此推断梅兰芳是不会出场了，因此大为不满。戏馆里顿时人声嘈杂，乱成一团。

正乐育化会负责人赶紧上台向观众解释说：“梅兰芳因另外有三处堂会戏要唱，一时赶不过来，但倘若能赶回来他一定赶来。”他的话还没说完，就被观众一阵接一阵的叫嚷声打断，他们高呼：“他非来不可，他不来我们要求退票。”

当时尚没有参与辅佐梅兰芳的齐如山因为和育化小学校长项仲延是老友，所以当晚也被邀前去帮忙。他见台上那位负责人已无法稳定观众的情绪，便拉项仲延和育化小学的其他几位教师来到观众席中，耐着性子向观众说好话：“今天的情形，实在是对不起大家，但今天之戏，是专为教育，诸君虽是来取乐，但对教育没有不热心的，望诸君看在维持学校的份上，容恕这一次，以后定当想法子找补。”

他们态度诚恳，却仍不为观众所接受，有几位观众站起来大声说：“我们花钱就是来看梅兰芳的，没有他的戏就退票，用不着废话。”

正僵持之际，忽然有人宣布说梅兰芳已经来了，正在后台，等杨小楼的戏唱完，他即上场。可怜杨小楼整出戏就在满场喧嚷声中草草收场。这个场面于他来说不啻一场侮辱和嘲弄，面子一时抹不开，下台后一句话也没说，转脸就走了。

在梅兰芳心目中，杨小楼可不是什么必须压倒的对手，而是值得尊重的前辈。论及梅兰芳和杨小楼的情谊，还得溯及到梅兰芳小的时候。7岁的时候，梅家搬到百顺胡同。梅兰芳便在家附近的一所私塾读书。后来私塾搬到万佛寺，他也随去继续读书。那时的他，尚处于“言不出众，貌不惊人”阶段，因为木讷内向，常常受同学的欺负。他自己也不好好读书，常因背不出《三字经》、《百家姓》之类而遭先生打手心。这一切都使他越来越惧怕上学。

于是，他就和大多数淘气的孩子一样，为躲避背书和责打而逃学。每天早晨，他在祖母的殷殷叮咛声中规规矩矩地背着书包走出家门，却并不去上学，而是悄悄溜到一条干涸的小沟旁，将书包塞进沟眼里便玩去了。

有一天，梅兰芳背着书包走出家门，当远离家人视线后，他一溜小跑奔到一条干涸了的小沟旁，正要将书包往沟眼里塞，忽然一只大手将他连人带书包拎了起来，不由分说，将他拎往一旁的井台，边走边骂："不念书，竟逃学，看你还逃不逃了！"

眼看就要到井台了，梅兰芳以为来人要将他摔到井里去，吓得浑身哆嗦，连声求饶："我不逃了，我再也不逃学了。"那人这才将快要哭出来的梅兰芳放在井台边，问："那你今后好好念书不？"梅兰芳岂敢不答，点头道："我好好念，好好念，大叔您饶了我吧！"

这一次，梅兰芳被吓得不轻，不过这一吓倒

促使他再不逃学了，书也奇迹般念得好了。那位“大叔”正是当时已很有名气的著名武生杨小楼。

杨小楼是“奎派”老生、同光十三绝之一杨月楼的独生子，出生于1878年。杨月楼是文武全才的生行演员，既能演老生戏，又擅长武生长靠戏、短打戏和猴戏。因他把孙悟空演得活灵活现，所以人们又叫他“杨猴子”。杨小楼幼年师从梅兰芳的外祖父杨隆寿，又经武生三大流派“俞派”创始人俞菊笙的精心栽培，技艺大增，但他在科班时并未成名，曾被讥为“象牙饭桶”，出科后演的角色多为配角。后有一次在三天之中，他连演三个不同的武戏，并用“小杨猴子”的艺名出台，一炮而红。

杨月楼临终前托谭鑫培、杨隆寿照顾小楼，谭鑫培收小楼为义子，并为其按儿子“嘉”字辈取了新名“嘉训”（谭鑫培之子谭小培原名嘉宾）。小楼因此入谭鑫培的“同庆班”，受谭鑫培亲授。

梅家租住百顺胡同时，杨小楼是梅家邻居。

◎杨小楼

那时梅兰芳尚年幼，而杨小楼却已声名鹊起。当时北京城里会馆甚多，各省有省会馆，各县有县会馆，有些大的会馆内设有戏台，逢年过节，会馆常邀请京城名演员前去演唱，杨小楼自然也在被邀之列，他为赶去会馆的戏台练武工、吊嗓子而不得不黎明即起。他每天出门的时间与梅兰芳上学的时间差不多。

“井台事件”后，杨小楼常常将梅兰芳抱去私塾，有时把他抱在胸前，有时让他骑在他的脖子上，一路上他还给梅兰芳讲民间故事，常引得梅兰芳开怀不止。有时半道上，他还顺便给梅兰芳买串糖葫芦。梅兰芳常常一边吃着，一边听着故事，在杨小楼的臂弯里或肩头上晃晃悠悠、轻松自在地被送到私塾门口。

不曾想，十多年以后，“杨大叔”竟然有机会同当年逃学的孩子同台演出。在后台化妆的时候，两人想起旧事不免大笑。杨小楼更没有想到，这个梅家小子很快就爆得大名，甚至抢了他这个“国剧宗师”的风头。

多年以来，在梅兰芳的眼里，杨小楼和谭鑫培一样是京剧界“出类拔萃，数一数二的典型人物”，因而他对杨小楼充满敬意。“九·一八”后，梅兰芳迁往上海，四年后返回北平，在能容纳三千余人的最大剧场“第一舞台”演出。在正式演出之前，他听说杨小楼在“吉祥戏院”演出，每场最高票价为每张票1.2元。他认为无论如何也不能让杨小楼下不来台，于是他坚持将票价只能定在每张票1.2元。

杨小楼去世时，梅兰芳在上海，得闻噩耗，他悲痛不已。他敬佩杨小楼的艺术，更叹服他在抗战期间坚持不给敌伪唱戏的大义节操。这是后话。

回到正乐育化会的那场筹款演出。眼见杨小楼的“不幸遭遇”，谭鑫培似乎预感到自己也将有如此结果，其难过不减于杨小楼，但他心有不甘，便早早地把行头戴好，脸彩揉好，只是没有戴网子。

正乐育化会的会长田际云见状悄悄对齐如山说：“谭老板要看兰芳的戏。”

“何以见得？”齐如山问。

“您看他都扮好了，只差戴网子了，他若不是想看戏，不会这么早就扮上的。”

果然如田际云所料，梅兰芳的整场戏，谭鑫培足足看了大半场，看时神情专注，像是非要找到梅兰芳所以受观众欢迎的原因似的。

梅兰芳原本的确是赶不回来的，但育化会的干事看观众闹得实在厉害，有梅兰芳不出场誓不罢休之势，恐事态发展下去不好收场，虽然观众嚷着退票在天津已发生过几起，但在北京这还是第一次，如果最终无奈退票，大家这天的戏白唱不要紧，得罪了谭鑫培、杨小楼可就是大事了。于是，他们急忙派人借了一辆汽车火急火燎地将梅兰芳接了过来。偏巧梅兰芳那天的四出戏都是《樊江关》，所以那边的堂会戏一唱完，他也不用卸妆，围上斗篷就赶过来了，来后也不用重新化妆，摘下斗篷就上了场。他一出场，观众便情绪高涨，掌声欢呼声叫好声响成一片，他刚一张嘴，戏馆里顿时寂静无声，足见他此时的魅力。

类似的例子还有：1913年初夏，由俞振庭发起在广德楼主办“义务夜戏”，梅兰芳、谭鑫培、刘鸿声、杨小楼均在被邀之列，安排梅兰芳的戏码是与王蕙芳合作《五花洞》。与上次为育化小学筹款而举办的义务戏一样，梅兰芳那天正好在湖广会馆有堂会，赶不回来。戏单上写着《五花洞》之前是吴彩霞的《孝感天》，之后是刘鸿声、张宝昆的《黄鹤楼》。

谁知《孝感天》唱完后，出来的却是《黄鹤

楼》，观众一时愣住了，他们初以为《黄鹤楼》与《五花洞》调了个儿，《黄鹤楼》结束后才是《五花洞》，所以也就耐着性子往下看。《黄鹤楼》结束后，接着出场却是《盗宗卷》里的太后，他们这才意识到梅兰芳今晚是不会唱了，大为不满，叫嚷着要看梅兰芳。有人甚至站起来大声质问：“为什么没有《五花洞》，为什么梅兰芳不露？”

随着这一声喊，其他观众也纷纷指责戏馆不守信用，场内秩序大乱，连谭鑫培饰演的张苍出场也镇不住了。

管事的连忙派人去找梅兰芳，同时派人在台上贴出一张告示：“梅兰芳今晚准演不误”，这才稍稍平息了观众的怨气，谭鑫培就像上次杨小楼一样没情没绪地在纷乱的秩序中匆匆将戏唱完。

来人赶到湖广会馆，见梅兰芳正和王蕙芳在台上唱二本《虹霓关》，他急得团团转。梅兰芳刚下场，他就堵着下场门对梅兰芳说：“戏馆的座儿不答应，请您辛苦一趟。”

梅兰芳当然不知道广德楼那儿已经秩序大

乱，他不慌不忙地说："好吧，等我们卸了妆马上就赶去。"

"不行，您哪，救场如救火，来不及了，您就上车吧。"来人急吼吼道，并不由分说拉起梅兰芳就往门外走。

梅兰芳被拖拽着，几乎是跌跌撞撞地来到门口，还没反应过来就被推进门口停着的一辆车里，刚坐稳，王蕙芳也被推了进来。两人坐在车里，彼此望着对方还未来得及卸下的行头，忍不住笑出声来。

他俩赶到广德楼的后台时，前台谭鑫培的《盗宗卷》已接近尾声。管事看见梅兰芳，激动地连声说："好了，好了，救星来了，快上去吧！"

当王蕙芳饰演的东方氏突然出现在台上时，观众们议论纷纷："《五花洞》改《虹霓关》了，梅兰芳又露了。"因为来不及换行头，梅兰芳、王蕙芳临时决定再唱一遍二本《虹霓关》。当梅兰芳饰演的丫环上场时，观众欢声雷动，他们要看的就是梅兰芳的表演，至于他是唱《五花洞》

还是《虹霓关》已无关紧要了。

随着一声“押上堂来”，陆杏林饰演的王伯党上场，他的扮相开始时很让观众不习惯。陆杏林因为刚刚陪谭鑫培唱完《盗宗卷》，临时陪梅兰芳加唱《虹霓关》，没有来得及打扎巾，而是《盗宗卷》里的扮相，戴着甩发上的场。武将戴甩发有两种意思，一是表示战争的双方厮杀得十分激烈，另一种表示战争中失败一方的武将被人打得卸甲丢盔的样子。王伯党是被俘虏的敌将，梅兰芳倒认为陆杏林戴甩发的装扮更符合剧情，而观众明白他们是临时加演的，对他们的装扮也能表示理解。虽然是匆匆忙忙上的场，演员的扮相也不是很规范，但他们的表演是认真的，观众给他们的掌声也是真诚的。

这个时候的梅兰芳，从艺术上来说，恐怕确如齐如山所说“很平平”。他之所以受观众欢迎和热爱，与当时的社会环境大有关系。在京剧女班开始兴盛之初，男女演员是不能同台演出的。这种约定俗成严重制约了京剧的发展。“双庆班”班主俞振庭当时与清末工部尚书肃亲王来往

较密，关系比较亲近，他利用这个关系，先说通肃亲王，得肃亲王许可，一举废止了旧约，“双庆班”第一次改组成男女合演。由于男女演员同台表演，给戏台增色不少。更重要的是，女观众开始走进戏园。早年，女人是不得抛头露面的，更不要说进入人多杂乱的戏园听戏。

1900年以后，随着京剧女班的兴盛，更因受晚清资产阶级民主思潮的影响，戏园的观众席上开始出现妇女的身影。北京京剧女观众的出现，是1900年以后为了“庚子赔款”上演“义务戏”而造成的。“由于义务戏的兴起，妇女才能走进剧场。最初义务戏的性质，是为了‘庚子赔款’，当时人民还有所谓‘国民捐’，那是清王朝附加在人民头上的负担。由于是这样一个性质，义务戏就必须满座，因此就不得不让妇女走进了剧场。”虽说允许妇女入戏园，但她们必须坐在楼上，楼下才是男士座。尽管如此，允许女观众入戏园与男人共同观戏，为观众打开了方便之门，所以，那个时期，京剧舞台一度生气勃勃。

由于观众席上多了妇女，整个戏剧界发生了急遽的变化：过去一直是老生、武生统治舞台，如今青衣、花旦的地位一日盛于一日。在梅兰芳之前，旦行以陈德霖、王瑶卿为主，然而他们生不逢时，老生、武生的光辉遮挡着他们，使他们一直生活在老生、武生的阴影之下，名声终不及谭鑫培、杨小楼显赫。作为后起之秀，梅兰芳逐渐取代了陈德霖、王瑶卿，成为旦行主角。他那清脆的嗓音、圆润的腔调、细腻的做工、周到的表情无一不透露出美的神韵，正合于普通百姓爱美心理，恰好社会的发展又使得旦行的地位如日中天。得上天的垂青，梅兰芳的崛起便是自然而然的。

就像尊重杨小楼一样，梅兰芳对谭鑫培也始终充满敬意。尽管行当不同，梅兰芳是旦，谭鑫培是生，但梅兰芳仍然一直视谭鑫培是学习的榜样。在他看来，谭鑫培的唱不是单纯的唱，演也不是单纯的演，而是名副其实地演唱，他的表演总是从人物出发，注重揭示人物内心。在技法上，他虽然贵为“新老生三鼎甲”的扛鼎人物，

却不死守门户，勇于创新更善于博采众长。从他的身上，梅兰芳接受了“创新”这一新概念，聪明地摸索到了一条新路。

尽管谭鑫培与梅家素来交情不错，他不仅与梅巧玲交谊深厚，又与梅雨田默契合作多年，但却从来没有过多关注过梅兰芳这梅家的第三代。直到那次的“广德楼”义演，梅兰芳方才进入他的视线。他陡然发现，这孩子不期然地一跃而上，眼看着就要超越自己了。他预感到，“伶界大王”的称号要易主了。对此，他有些疑惑，有些不解。

他之所以疑惑之所以不解，很大程度源于他对社会环境变化的不够敏感，他忽略了这样一个事实：作为旦行的领军人物，陈德霖、王瑶卿都已面临年龄趋大、青春不再、舞台形象大打折扣的遗憾，而新一代旦角如梅兰芳、王蕙芳、朱幼芬等，正填补着这一空白。不管怎么说，谭鑫培开始留意起了梅兰芳，并一直在找机会要与梅兰芳合作一次，以亲试其身手。于是，当在一次演出前他的搭档陈德霖因故而不能前来时，他便很刻意地点名梅兰芳顶替陈德霖。

对于梅兰芳而言，他出道不久便能与谭鑫培这样的大师合作，实乃机会难得，他当然竭尽全力又小心翼翼。他之所以小心翼翼，是因为他也知道谭老板的个性是常常会在台上让对手难堪的。

比如，谭鑫培有一次饰演《张飞闯帐》中的诸葛亮，饰张飞的演员在念“为何不叫咱老张知道”一句时，因为花脸念开口音好听，所以他将“知道”念成“知大”，许多净角演员都是这么念的，如果老生演员不加理会，观众也一时听不出来，只会觉得那是演员的习惯而已。而谭鑫培却不依不饶，他接下来的台词是：“叫你知道，也要前去。不叫你知道，也要前去。”正好有两个“知道”，便故意将这两个“知道”念成“知大”，他这么一加重语气且含有嘲弄之意，观众立刻明白演张飞的演员先前念错了，便哄堂大笑，使该演员大失面子。

那时的京剧舞台上经常会有演员出错，为了整体效果，当一个演员无意间出错时，另外的演员要想法补救，若不能补救也应想办法掩饰过去，当然不是每个演员都有这样的涵养，有的演员甚至以揭别人的短来抬高自己，还有的演员会在台上就对出错的演员发脾气。其实如果掩饰得好，观众多半是不会发现的，而有些演员有意揭别人的短，甚至渲染别人的错。谭鑫培如此做法有些“阴人”之嫌。所以，梅兰芳身边的人都很担心他也会有此遭遇。

不仅事先做足了准备，而且在台上，梅兰芳也格外小心谨慎。但根本原因还是他基本功相当扎实，不但让谭鑫培挑不出丝毫的毛病，反而由衷地称赞梅兰芳“是一块好材料”。

但是，有谁能担保永远不出错呢。于是那时一度有传说，梅兰芳的朋友曾面托谭鑫培多多关照梅兰芳，意即在以后的合作中不要给梅兰芳出难题让他下不来台。更有传说，即便有人面托过谭鑫培，个性独特的谭老板仍然在与梅兰芳合作《汾河湾》中因为两人无意间相撞而故意加词“叫他这边躲，他偏往那边去”。于是，同情梅兰芳者对谭鑫培大加指责。对此，梅兰芳断然否认，他公开辟谣说：“这实在是冤枉了谭老板。”

尽管如此，梅兰芳在与谭鑫培的合作中，的确被谭鑫培“捉弄”过。那还是在合作演出《汾河湾》这出戏时，其中一场戏的人物对话应该是：

第一段：薛：口内饥渴，可有香茶？拿来我用。

柳：寒窑之内，哪里来的香茶，只有白滚水。

薛：拿来我用。

第二段：薛：为丈夫的腹中饥饿，可有好菜好饭？拿来我用。

柳：寒窑之内，哪里来的好菜好饭，只有鱼羹。

薛：什么叫做鱼羹？

柳：就是鲜鱼做成的羹。

薛：快快拿来我用。

也不知是有意为之，还是随兴所至，当梅兰

芳所饰演的“柳迎春”念完“……只有白滚水”时，谭鑫培竟来了句“什么叫白滚水？”梅兰芳不由心中一惊，但他不动声色道：“白滚水就是白开水。”谭鑫培没想到梅兰芳反应这么快，也无话可说，自然回到“拿来我用”这句戏词。

这显然不能满足谭老板的戏瘾，在接下来的第二段，当“柳迎春”念“寒窑之内，哪里来的好菜好饭”，还未及念出“只有鱼羹”时，谭鑫培抢白道：“你与我做一碗‘抄手’来。”这次，梅兰芳似乎是有了准备，脱口而问：“什么叫做‘抄手’呀？”谭鑫培转脸冲着台下观众指着梅兰芳不无嘲弄道：“真是乡下人，连‘抄手’都不懂。‘抄手’就是馄饨呀。”他以为梅兰芳必定大窘，却不曾料到梅兰芳接着他的话头，说“无有，只有鱼羹”，从而巧妙地将不着边际的谭鑫培又拉回到原来的戏词上。

在梅兰芳眼里，年长他48岁的谭鑫培无疑是长辈、前辈，因而在谭鑫培面前，梅兰芳始终老老实实地称其为“爷爷”。表面看来，谭鑫培一直憋着劲儿欲挑梅兰芳的刺儿，又时不时在戏台上“逗逗”这梅家小子，实际上，谭鑫培对梅兰芳是提携的、宽容的。

一次两人又合作《汾河湾》，“窑门”一段引得观众掌声阵阵。演出结束，谭鑫培对人说：“那一段，我说我唱的那几句并非如何好啊，怎么有人叫好呢？留神一看，敢情是兰芳在那儿做身段呢。”按照以往的表演程式，梅兰芳在这一场戏里是没有任何动作的，但他接受了戏外人士齐如山的建议，大胆打破陈规，为角色新增了身段。谭鑫培是一贯倡导“演”戏而非单纯“唱”戏的，梅兰芳此举实则是符合谭的表演精神的，但他客观上抢了谭老板的风头，这在辈分高于一切的梨园是难以容忍的。梅兰芳心中也不免打鼓，担心谭前辈会因此怪罪于他。然而，谭鑫培却很善待梅的这一行为，甚至鼓励他“就这么着”。这给了梅兰芳莫大的鼓舞，从此开始他创新的一生。

梅兰芳如日中天之日也就是谭鑫培夕阳西下之时。1916年的夏末，梅兰芳在“吉祥戏园”重演他最早的创新戏《孽海波澜》，而久未露面的

谭鑫培却在同处东安市场的“丹桂茶园”演出。起先，梅兰芳并不知道擅长“做”市场的戏院老板此番安排是刻意的，意欲造成老谭、小梅对台，以此噱头招揽观众。梅兰芳当时风头正健又新老戏并举，自然卖座颇佳，却苦了有“伶界大王”之称的谭老板每天面对寥寥观众，心中的伤心与苦闷是难以言表的。

事后，梅兰芳了解到这一切，内心十分不安，却又不便直接找上门去赔不是。不几日，他在与朋友逛西山的戒台寺时于半道上巧遇谭鑫培。想到前几日的“打对台”，梅兰芳不由紧张惶恐起来，他往前紧走几步，双手垂下，对谭鑫培微微欠了欠身，恭恭敬敬地招呼了一声：“爷爷。”谭鑫培似乎早已看穿了梅兰芳的心思，很大度地拍了拍梅兰芳，哈哈笑道：“好，你这小子，又赶到我这儿来了，一会儿上我那儿去坐。”后来，梅兰芳果真去了谭鑫培的住处，祖孙俩谁也没提前一档子事儿。只一年以后，一代京剧大师谭鑫培去世了，“伶界大王”的桂冠很自然地戴到了梅兰芳的头上。

尽管梅兰芳十分崇拜谭鑫培，但他俩毕竟分属不同的行当，谭鑫培留给梅兰芳的只能是宽泛的创新表演意识和精益求精的表演精神。

之后，梅兰芳又多次在舞台上展示了他沉着机智的应对能力。

有一次梅兰芳在天津安徽会馆唱堂会，大轴戏是梅兰芳与天津名票王君直的一出《四郎探母》，唱“坐宫”一场时，演到公主的一段白口，原来的词句应该是：“皇天在上，番邦女子在下，驸马爷对我说了真情实话，我若走漏他的消息半点，到后来天把我怎么长，地把我怎么短……”当时台下全是熟人，戏又是难得一见的好戏，所以场内秩序很乱。

梅兰芳可能受其影响，一不留神，竟说走了嘴，念成“驸马爷在上”，王君直一听就怔住了。梅兰芳反应也真快，话一脱口立即就意识到出了差错，他顺水推舟做了个轻妙的身段，使出半嗔半羞的样子推了王君直一把，叫起板来说：“让你都把我给搅糊涂了。”武场跟着敲起小锣，文场拉起流水的过门，一场惊险就这样平安

度过了。戏后王君直在后台赞叹："兰芳真是不得了，台上这种火什么人救得了啊？！"

还有一次，梅兰芳在天津某宅唱堂会，主人点戏，请梅兰芳唱《晴雯撕扇》。不知检场是弄不清，还是一时疏忽，将场上的椅子与陈设物品都摆错了地方。梅兰芳一上场唱完第一句就发现不对劲，刚好所唱的是一大段慢板，他便一边唱，一边新增加许多身段，将道具一一摆放在原位，慢板唱完，道具也都摆好，而且动作合情合理，对此戏不熟的观众还以为晴雯是在乘宝玉不在时帮他收拾屋子呢。

演员在舞台上突然忘了台词，也是常有的。演员对本子背得不够熟固然会如此，即使演过许多遍的戏，演员有时也会因种种莫名其妙的原因而一下子卡住，戏台上的玩意儿是到时候就得张嘴，根本不容你有片刻时间去想的，而且多半越急越想不出。所以如何应付此"坎"就特别能显出演员的素质。

民国初年，19岁的梅兰芳和王瑶卿合演连台本戏《儿女英雄传》，他饰张金凤，王瑶卿饰十三妹何玉凤。这时的梅兰芳尚不够成熟，还不怎么会念京白，语气上常常说不连贯，遇到大段的道白，更是不大顺嘴。那天他又赶场，刚在廊房头条第一楼唱完一出《三击掌》，便奔过来唱这《儿女英雄传》，急了点。

当他唱到张金凤劝说何玉凤嫁给安公子的一场时，忽然忘了词儿。他与王瑶卿正对坐在场上，那个急呀！可也急中生智，他先使了一个眼神，然后走到王瑶卿身旁，在他耳边轻轻说道：“我忘了词儿，请您提我一下。”同时冲着台下做了个表情，看上去像是在劝何玉凤的样子。

王瑶卿当然并非等闲之辈，他故意想了一想，不慌不忙也来了个身段，叫张金凤附耳上来，然后把该念的词儿告诉了他。梅兰芳有了词儿，又做出一个合乎剧情的表情，照着念下去。观众自始至终被蒙在鼓里，一点儿也没有看出破绽，反而以为是演员加了新鲜玩意儿，还喝了彩呢。从剧情来说，张何二人平时关系颇为亲密，算得上是无话不谈，所以梅兰芳与王瑶卿在台上这样咬耳朵的做派，既达到了目的，又不妨碍剧情，堪称是救场的佳例。事后王瑶卿直夸梅兰芳，说他将来一定大有作为。

从梅兰芳巧妙应对舞台上的变化可以看出，此时的梅兰芳已经完全摆脱了“言不出众，貌不惊人”的懵懂状态，显现出他机敏聪慧的本质。在1917年谭鑫培病逝后，梅兰芳继承了“伶界大王”的称号。

七　首赴上海　一炮而红

1913年，上海。

这年，梅兰芳19岁，第一次离开土生土长的北京，南下上海。

很难说梅兰芳是在哪年成的名。他不是凭借某一部戏而一夜成名。他的成名完全是循序渐进，一步一个脚印走出来的。如果非要论及他成名的具体时间，便有了不同的说法，有人说是1921年，他在这一年，和“国剧宗师”杨小楼创演了至今流传不衰的《霸王别姬》；更有人说是1927年，他在这一年，因北京《顺天时报》的一次“新剧夺魁投票活动”而成为“四大名旦”之首；更有人说是1913年，他因首赴上海演出成功，获得“寰球第一青衣”的美誉。

其实，说1913年是梅兰芳的成名年并不确切。准确地说，这一年对于梅兰芳来说，有着特别非凡的意义。

京剧早在1867年便进入了上海，随着上海日渐成为远东大都市，京津两地的京剧演员更加频繁地南下，上海实际上成为南方京剧艺术中心。京剧作为一种舞台艺术，又不能不与社会发生联系，而与社会联系的一个重点，便是外出巡回演出。京城的许多京剧演员都认为仅仅在北京走红还算不上是真正的红，必须去上海。另外一个原因是赴沪演出的经济收入可以比平时的日常演出翻几番，不仅“接、送、吃、住”由上海方面全包，包银也非常可观。因而，出名的、未出名的京城演员都对赴沪演出充满向往。

梅兰芳于1913年秋首次跨出北京城赴上海演出。之前，在京城的舞台上其实已经小有名气，但上海人对他却一无所知。

对于上海“丹桂第一台”老板许少卿的邀请，梅兰芳的心情有些复杂。

首先，尽管他已经是京城各戏园争抢的角儿

◎梅兰芳在上海

了，但在许少卿看来，能否靠他卖座还是个未知数。许少卿是个精明的商人，这次他主要邀请的是著名须生王凤卿，梅兰芳只是作为“陪衬”。因此，此次赴沪，挂“头牌”的是王凤卿，梅兰芳只是“二牌”，连包银都是王凤卿为三千二，梅兰芳却只有一千八，其中四百元还是王凤卿竭力争取来的。

当时，王凤卿认为许少卿给梅兰芳的包银太少，要求再加四百元。许少卿以为梅兰芳不过是个“二牌”而已，按照行话说，只是为王凤卿“挎刀”的，便不太愿意在无名小卒身上多下本钱，但他又不能得罪王凤卿，所以有些为难。王凤卿见状便有些不高兴，觉得许少卿太小气，他故意说：“你如果舍不得出到这个价钱，那就在我的包银里面，匀给他四百元。”

许少卿一听王凤卿这么说，不免有些难为情，连忙说：“这怎么行？哪能减您的包银。”于是，他同意加梅兰芳四百元。

这个时候，钱对于梅兰芳来说还是比较重要的，梅家一家大小的生活重担全靠他一个人。因此，他对王凤卿为他多争取了四百元包银充满感激。不过，许少卿的态度，多少让他有自尊心受到伤害的感觉。

其次，他自知在京城的舞台驰骋这许多年，对戏迷的欣赏口味还是有一点了解的，知道他们喜欢什么不喜欢什么，而对上海观众，他却毫不知底细。贸然前往，观众不买他的账怎么办？如果第一次去就没有留给上海好印象，以后再想挽回恐怕就很难了。也就是说，此行似乎只能成功不能失败，哪怕不成功至少也不能失败。但是，这又是个展示自己技艺的绝佳机会，又岂能放弃？这样一来，梅兰芳的心理压力可想而知。

正式演出前几天，上海金融界大亨杨荫荪托人来找王凤卿。来人与王凤卿是老相识，故友重逢自然欣喜万分，闲聊了一些家常，来人才说明来意。原来杨荫荪即将结婚，看见《申报》的广告，知道王凤卿、梅兰芳已经到了上海，便想请他们在他结婚当日去他家唱一场“堂会”，点名要唱《武家坡》。王凤卿一时有些为难，他担心许少卿不同意，但经不住老友的一再鼓噪，便答应了下来。果然，许少卿闻讯后反应强烈，他坚决不同意他们在正式演出前去杨家唱堂会，他的理由是万一他们在堂会上唱砸了，弄坏了名声，势必影响到戏馆的营业。

王凤卿好说歹说，许少卿就是不松口，而王凤卿认为既已答应了杨家那是一定要去的，否则岂不失信于人。一边坚决要去，一边坚决不放，双方一时僵持不下，眼见就要闹崩了。杨家得知情况下再派人来找许少卿，表示："假如他们在堂会上唱砸了，而影响到戏馆的生意，杨家愿意想办法补救。"

许少卿气呼呼地反问："你们能有什么办法？"

"我们可以请工商界、金融界的朋友联合包场一个星期，保证你不会亏本。"见许少卿还在犹豫，说客又补充说："这次堂会，我们就用'丹桂第一台'的班底，这样也可以保证演出不至于出问题，怎么样？"

许少卿掂量后勉强同意了。

问题总算得以解决，但这件事却使梅兰芳背上了一个沉重的包袱。他的心里颇不是滋味，更加断定许少卿对他是没有信心的。王凤卿在艺术上已经有了声誉与地位，许少卿还不至于怀疑王凤卿的能力，而自己在上海人眼里只是个新人，许少卿自然吃不准他的艺术功底。同时梅兰芳还有另外的担心，如果许少卿的确不幸而言中，他们唱砸了，那么他从此在上海销声匿迹，永无出头机会，他的舞台生涯还没有开始便将提早夭折。

这些想法固然有梅兰芳太过多虑的成分，但客观上却使他暗下决定，一定要让许少卿对他刮目相看。

决心是下了，而担心却并没有离他而去，这一晚，他睡得很不踏实，第二天一早，他对刚起床的王凤卿说："今儿晚上是我们跟上海观众第一次相见，应该聚精会神地把这出戏唱好了，让一般公正的听众们来评价，也可以让藐视我们的戏馆老板知道我们的玩意儿。"

话虽是说给王凤卿听的，实际上是他在给自己打气。王凤卿早已看透了梅兰芳内心的紧张，他笑着安慰道："没错儿，老弟，不用害怕，也不要矜持，一定可以成功的。"

堂会地点并没有设在杨家，而是在张园。梅兰芳、王凤卿来到张园时，张园已热闹非凡，被邀来参加婚礼的宾客非常多，他们向主人道了贺，主人早已为他们准备好了酒席。酒足饭饱后，他们来到后台准备出台。在与许少卿交涉中，杨家已经了解到王凤卿、梅兰芳为不失信于他们而与许少卿发生争执的事，对他们深感谢意，决定将他们的戏码列在最后一出，而且还利用各种形式向亲友宾客替他们做宣传，这使他们的戏备受瞩目。

《武家坡》这出戏，梅兰芳在北京演过多次，与王凤卿合作也有不少次了，所以他并不怵这出戏。等台帘一掀，他更加沉着了，早已忘了许少卿的担心，也忘了紧张这码子事了。当他的一个亮相赢来满堂彩时，更全身心地进入了情境。接下来，他无论是唱那段西皮慢板，还是在做工身段方面，始终博得观众的阵阵叫好声。显然，台下的观众十分注意这位来自北京的第一青衣兼花旦。当晚的演出是很成功的，整出戏始终有喝彩声、叫好声相伴，虽然这是小范围的演出，观众也是极有限的一部分，但这次成功的演出坚定了梅兰芳的信心，为他后来在戏馆里的演出成功打下了基础。

在紧张、担心、焦虑、自尊心受伤等等复杂的心理状态下，梅兰芳在上海的头几天演出，几

◎梅兰芳1913年梅兰芳在上海《彩楼配》中饰王宝钏

乎是在屏气凝神下完成的，不出错是他那几天的唯一追求。

那时演员新到一个演出地点，最初三天所演出的剧目被称为“打泡戏”（又称“打炮戏”）。“打泡戏”成功与否，直接影响到这个演员日后在当地的演出成绩。开头要开得好，要给观众一个好印象，所以，一般演员都非常重视“打泡戏”，梅兰芳自然不例外。按《中报》事先预告，梅兰芳头三天的“打泡戏”分别是《彩楼配》、《玉堂春》和《武家坡》。

11月4日，对一般上海人来说是一个平常的日子，而对梅兰芳来说意义十分重大，这是他第一次登上上海舞台的日子，更是他红遍上海的起点。当然，他自己并没有想得那么远、那么深，他只是尽心尽力唱好每一场。

这天傍晚，他和王凤卿以及琴师茹莱卿、胡琴田宝林、鼓手杭子和走进“丹桂第一台”的后台，管事为他们一一介绍了“丹桂第一台”的基本演员：武生盖叫天、杨瑞亭、张德俊；老生小杨月楼、八岁红（刘汉臣）；花脸刘寿峰、郎德山、冯志奎；小生朱素云、陈嘉祥；花旦粉菊花（高秋颦）、月月红。介绍完，梅兰芳在心里感叹：“难怪许老板从北京只请了凤二爷和我两个人，原来‘丹桂第一台’是人才会聚之地，可以说是人才济济，应有尽有啊。”

接着，后台管事将梅兰芳领到楼上一间化妆间，而王凤卿则在后台帐桌前扮戏（即化妆）。别小看这看似普通的帐桌，它可是身份地位的象征。那时候，几乎每个戏馆后台都有这么一张帐桌，帐桌上往往摆放着戏圭（即水牌，用以公布戏码的器具）和戏簿（即戏班演出的备忘录），有时戏圭旁还有牙笏（用以公布处分、通知演出事项等的器具），这几样东西是戏班里的重要物件。

就因为帐桌很重要，所以不是一般演员都能在帐桌前扮戏的，在生行演员占舞台统治地位时，只有老生、武生等生行演员可以坐在帐桌前扮戏，而旦行等其他行演员是没有资格的，后来又形成了凡是挂头牌的名角才可以坐在帐桌前扮戏的习惯。王凤卿本是老生演员，而且这次赴沪挂的又是头牌，所以自然是可以坐在帐桌前扮戏的。显然，这个时候的梅兰芳，还没有这个资格。

梅兰芳的戏码被排在倒数第二，在北京这被称为“压轴戏”，而在上海这被称为“压台戏”。上海的“压台戏”相当于北京的“大轴戏”，因为上海的演出习惯，一般是最后一出戏被称为“送客戏”。

戏码排得较后，梅兰芳估计约到十点才能出场，八点半时，他开始扮戏。他一边不急不忙地扮着，一边竖着耳朵听前台一出紧一出的戏。当快轮到他上场时，他这才感觉到自己其实是很紧张的。前几日的堂会唱得还算成功，不过唱堂会毕竟不能算正规演出，这次才算是真正意义上的第一次登上海的舞台，第一次与陌生的上海观众见面，他们该如何看待自己、如何品评自己呢？虽然他的心里有些忐忑，但因为他的性格一向很平和、很沉着，不急躁、不浮躁，很能控制自己的情绪，所以从外表上看，他胸有成竹。

时间一点点临近，管事在催了。他深吸几口气，又自我安慰道："《彩楼配》我唱过好多回了，已经很熟了，从来没有出过错的，怕什么呢？"这么一想，他更加平静了。这时，场上小锣响起，检场的已经掀开了台帘，梅兰芳明白此时已容不得自己多想了，他平复了一下心情，这才疾步走上场去。

演出效果很好，上海观众一下子就迷上了这位来自京城的年轻旦角，他们喜欢他的扮相，认为美不可言；他们欣赏他的唱，一看便知基本功扎实，因而也就毫不吝啬自己的掌声和喝彩。三天的“打泡戏”，不仅很顺利，而且很成功。

眼见票房一路高歌猛进，许少卿的态度也大为改变，由对王凤卿巴结奉承，对梅兰芳不冷不热，转而对梅兰芳大加恭维，直夸梅兰芳是“福星”。三天“打泡戏”后的那天晚上，许少卿设宴款待王、梅二人。酒座上，许少卿忙不迭地为他俩添酒加菜。梅兰芳面前的小盘子里的菜堆得小山一般高，许少卿还在一个劲地往里夹菜，还连声：“台上辛苦了，今晚应该舒舒服服地吃顿宵夜了。”

接着，他又说了一大堆夸赞他俩技艺的溢美之辞。梅兰芳很清醒地意识到许少卿不过是看在钱的分上恭维他们而已。吃得差不多时，许少卿激动地对他俩说：“你们知道这几天的卖座成绩吗？”不等他俩回答，他接着说：“真是好得不能再好，有许多大公馆和客帮公司都已经订了长座了。”

王凤卿插嘴道：“许老板这回岂不是生意兴隆

了吗？难怪许老板这么高兴。”

许少卿嘿嘿笑着，说：“托两位老板的福。”说完，他举着一小杯白兰地冲梅兰芳说：“外面都传这位新来的角儿，能唱能做，有扮相，有嗓子，没有挑剔。”他的言下之意就是这次梅兰芳的作用功劳是最大的，人们也都是冲着这位新来的角儿而上戏馆的。

梅兰芳只是笑笑，没有作声。

许少卿又说：“无啥话头，我的运气来了，要靠你们的福，过一个舒服年。”

看许少卿几乎是得意忘形的样子，王凤卿禁不住想起前几日他死活不让他们去杨家唱堂会一事，便故意问他：

“许老板，我们没有给你唱砸了吧？”

许少卿也是聪明之人，他一听此说便明白王凤卿所指，赔着笑脸解释说：“哪里的话，你们的玩意儿我早就知道是好的，不过我们开戏馆的银东，花了这些钱，辛辛苦苦从北京邀来的名角儿，如果先在别处露了脸，恐怕大家看见过就不新鲜了，这是开戏馆的一种噱头。我这次邀你们来还有别人的股子，不要让他们说闲话，也有我的不得已的苦衷，其实真金不怕火炼，你们的玩意儿，我太知道了，要不然我怎么会千里迢迢从北京把你们邀来呢？”

尽管上海“丹桂第一台”老板许少卿对初次赴沪演出的梅兰芳多少有点歧视，但他还是在刊登在《申报》上的演出广告中，给梅兰芳加了这样一个头衔：“南北第一著名青衣兼花旦”，又赞他“貌如子都，声如鹤唳”。当然，他这么赞美，并非真的赞佩梅兰芳的艺术造诣，不过是为了制造噱头而赚取更高的营业利润而已。不过，在梅兰芳和王凤卿即将结束在上海的演出周期前，许少卿已经完全改变了对梅兰芳的态度。此时，他真正意识到，这个年轻的旦角儿，的确不亏“南北第一著名青衣兼花旦”的美称。

直到这个时候，梅兰芳才大大舒了口气——他不但没有失败，反而成功了。

八 红遍大上海

说梅兰芳是“福星”，一点儿也不假；说梅兰芳是“幸运儿”，也一点儿没错。在他的成长过程中，始终伴随着前辈的提携：陈德霖、王瑶卿的教诲，谭鑫培的大度。如今随“头牌”王凤卿到上海，王凤卿不仅为他争取更多的包银，更在演出期满之前为梅兰芳竭力争取了一个“压台”的机会。

按照京剧演出的固有程序，压台戏和大轴戏都由头牌名角主演。梅兰芳作为“二牌”能够有机会“压台”，无疑多了一个出人投地的机会，为他进一步走红多了一层砝码。

那天晚上，在庆功酒宴上，王凤卿趁许少卿因为戏馆的营业奇好而有些得意的时候，不失时机地提出了一个要求。他说："许老板，上海滩的角儿，都讲究'压台'，我们都是初到上海的，你何妨让我这位老弟也有一个机会压一次台。"

闻听此言，大吃一惊的，不仅仅是许少卿，也有梅兰芳。他从来就没有如此"非分"之想，他只想这次在上海能给上海观众留一个好印象。当然他很清楚如果真有机会压一次台，那对他今后的发展是再好不过了。既然王凤卿开了口，他当然也没有硬性推辞的必要，只是有些担心许少卿的态度。

意外的是，许少卿这次答应得很爽快。显然，他对梅兰芳的艺术有了信心，不再持怀疑态度了。他说："只要你王老板肯让码，我一定遵命，一定遵命。"

王凤卿并不想以"势"压人，又见许少卿很爽快，就说："我跟兰芳是自己人，怎么办都行。不过，主意还是许老板你自己拿，我不过是提议而已。"

话虽这么说，实际上的意思已经很清楚了，许少卿哪还有什么异议。

对梅兰芳来说，这么一件重要的事儿，就这样轻而易举地决定了。

许少卿走后，王凤卿来到梅兰芳的房间，拉着梅兰芳的手，亲切地说："兰弟，从现在起，我们永远在一起，谁也不许离开谁，我们约定以后永远合作下去。"梅兰芳很为王凤卿的真诚所感动，他没有想到一个名气声望远大于自己的人居然能如此信任一个初出茅庐的后生。王凤卿一直都在艺术上鼓励、扶植、帮助梅兰芳，他曾对梅兰芳说："有了结实的功底，还要懂得戏理、戏情，老师口传心授之外，还要自己捉摸，从书本上也可以得到益处，遇到名师益友，千万不可放过，必须想尽办法把他们的好东西学到手。"梅兰芳正是听了王凤卿的教诲，在日后的演艺生涯中广交益友，无论是行内的还是戏外的朋友，只要对他有帮助，他都虚心求教，细细揣摩。

从此之后，梅兰芳与王凤卿开始了长达十八年的合作。在长期的合作中，他俩亲如兄弟，从无隔膜。直到1931年"九·一八"事变爆发，梅兰芳从北京搬到上海居住，王凤卿因身体不好而未能同行。王凤卿虽与梅兰芳就此中断了合作，他的儿子王少卿却留在了梅兰芳的身边，为他操琴多年。

王凤卿向许少卿提议给梅兰芳一个压台的机会，目的是既想多给梅兰芳出头的机会，也想趁此次赴沪捧红梅兰芳。而梅兰芳对此并未奢望，他觉得许少卿当时虽然满口答应了王凤卿的提议，但好像有点情非所愿，在他没有正式作出决定之前，梅兰芳也没有指望这事一定能实现，他仍每天按部就班上戏馆按计划唱戏。

又连续唱了几天后，有一天晚上，从戏馆回到许家，许少卿来到梅兰芳的房间，郑重其事地说："这几天一直在想王老板前几天的提议，今天来跟您商量，就请您唱一回压台戏吧。"

虽在意料之中，但梅兰芳还是感到些许意外，他没有想到许少卿这么快就做出了决定，他更没有想到，机会那么快就被摆在了自己的面前。他自忖：机会稍纵即逝，一定要牢牢地抓住这个机会。

聪明如梅兰芳，他深知这一次"压台"机会

的重要。不过，他更清楚，压台戏也不是那么好唱的，唱好了可能会一炮而红，唱砸了也就会适得其反。那么，如何唱好这出压台戏，他思忖良久，认为关键是选择一出好戏。什么样的戏是好戏？当然要迎合观众的欣赏口味，但是，观众到底爱看什么戏？他将他在上海唱过的戏逐一进行了比较、掂量：

头三天的“打泡戏”，除与王凤卿合作的《武家坡》外，《玉堂春》显然要比《彩楼配》受观众欢迎，后几天的戏分别是《雁门关》、《女起解》、《宇宙锋》、二本《虹霓关》。其中又加演了一场日戏《御碑亭》。这五出戏相比较而言，梅兰芳感觉二本《虹霓关》好像更受欢迎。由此他推断，观众对于那些青衣老戏，如《落花园》、《三击掌》、《母女会》等都不太喜欢，原因是这些老戏除保留了青衣传统专重唱工外，腔调基本上都是老腔老调，这些戏给观众的印象还是“抱着肚子死唱”，而《玉堂春》、二本《虹霓关》等戏之所以受欢迎，除了有更多的新腔外，更是唱、做并重，也就是说，有唱，更有做。

但是，如果就拿这两出戏来压台仍显分量不足。《玉堂春》虽说多了些新腔，二本《虹霓关》多了些身段表情，但总的说仍属于老戏的范畴。思量许久，梅兰芳初步决定，还应该跳出青衣的框框，将眼光再放远些。所谓“将眼光放远”，无非是摒弃传统青衣戏，而寻找一出别出心裁的“新”戏。可是，什么戏是“新”的呢？梅兰芳在无法做出决断前，决定多听听别人的意见。

正巧这时，梅兰芳在北京的朋友冯耿光、李释戡到上海来看望他，他便请他们帮忙拿个主意。回溯他的艺

◎《女起解》中梅兰芳饰演苏三

术之路，他一生事业成功，自然与他具有良好的艺术天分有关，与他后天的努力有关，也离不开周围朋友在经济上、艺术上，以及为人处世方面对他的帮助。

任中国银行总裁的冯耿光与梅家关系密切，早在光绪末年，他就同梅雨田往来甚密。梅兰芳14岁时结识了冯耿光，从此，冯耿光一直是梅兰芳的幕后老师。梅兰芳曾回忆说：“他是一个热诚爽朗的人，尤其对我的帮助，是尽了他最大的努力的。他不断地教育我、督促我、鼓励我、支持我，所以我在一生的事业当中，受他的影响很大，得他的帮助也最多。”

李释戡毕业于福州英华书院，曾到日本留学。回国后，他官运亨通，先出任广西边防督办大臣，又随郑孝胥入京，进入理藩院，负责蒙藏事务，之后，又任龙州镇提督，后被授陆军中将军衔。他才华横溢，能诗会文。他是在冯耿光的介绍之下结识梅兰芳的，从此辅佐梅兰芳长达半个世纪之久。梅兰芳创排新戏后，李释戡参与为他编排了多出新戏，很多唱词都是出自他的笔下。

冯、李二人在了解了原委后，想法和梅兰芳的不谋而合，也认为专重唱工的老戏是无法担负起压台重任的。他们在仔细分析研究后，主张梅兰芳暂且摒弃青衣戏、花旦戏，而现学几出刀马旦的戏。

梅兰芳恍然：“以刀马旦的戏压台，观众一定会感到新奇。”

“对，”冯耿光说，“刀马旦的扮相和身段都比较生动好看，而青衣演员兼唱刀马旦的还很少，兰芳用刀马旦戏压台肯定会使观众耳目一新，观众也一定会喜欢的。”

除了冯耿光和李释戡一致主张梅兰芳改学几出刀马旦戏，梅兰芳的几位上海朋友舒石父、许伯明听到这个主张后，也连连点头称是。

梅兰芳接受了人家的意见，决定学习刀马旦戏代表作《穆柯寨》。

学刀马旦戏，对于梅兰芳来说，并非难事，他在幼年学戏时就曾师从茹莱卿学过武功，现如今，茹莱卿是他的琴师，近水楼台，根本不用另

◎《穆柯寨》中饰演穆桂英

找老师。从11月10日许少卿通知梅兰芳要唱一次压台戏，到11月16日梅兰芳正式登台，在不到一个星期内，梅兰芳得茹莱卿亲授，很快学会了《穆柯寨》。

在唱压台戏前一天，即11月15日，《申报》刊登了梅兰芳一帧“卸妆小影”，标题是“第一台新聘名伶，北京著名青衣”。这说明梅兰芳在上海有了一席之地。

几天紧张地排练后，11月16日，那是个值得纪念的日子。这天，梅兰芳第一次在上海的舞台上唱大轴戏，也是他兼演刀马旦戏的开始。陪他唱《穆柯寨》的有朱素云（饰杨宗保）、刘寿峰（饰孟良）、郎德山（饰焦赞）。上海的观众果然为一贯抱肚子死唱的青衣居然也唱起了刀马旦戏而倍感新鲜别致。

对于大多数观众来说，上戏馆听戏、看戏，图的是热闹愉悦，而对于圈内人士，特别是对梅兰芳来说，他们更注重的是演员的技艺。梅兰芳首演刀马旦戏应该是成功的，因为从观众的掌声和喝彩声中已经明了观众是接受他的。所以，当梅兰芳唱完走入后台，冯耿光等人都很兴奋，拉着梅兰芳的手夸赞道："这出戏你刚学会了就上演，能有这样成绩，也难为你了。"

梅兰芳当然知道他的这些朋友绝对不会只看到他的成功而忽略他在技法上的缺陷，便笑道："各位老师还是多提意见吧。"

大家都很了解梅兰芳，梅兰芳从来就是一个要求自己更上一层楼的人，他从不满足眼前取得

的一点成绩，所以，他们也就不客气地一一指出他的“毛病”。比如，他在台上常常不由自主地低头，这大大减弱了穆桂英的风度，因为低头的缘故就不免有点哈腰屈背的样子。

梅兰芳听罢连连点头，这个毛病他不是没有感觉到，只是忙着唱念表情做工而忽略了，其实这个毛病也不能全怪梅兰芳大意。《穆柯寨》是一出扎靠戏，京剧演员穿的“靠”就是古代武将在战场上穿的“铠甲”。“靠”的式样是圆领、紧袖，身子分前后两块，绣着鱼鳞花纹，领口带“靠领儿”（又叫“三尖儿”），腹前有“靠肚子”，上绣龙形或虎头形，护腿的两块叫“下甲”（又叫“靠排子”），背后有一硬皮制作的“护背壳”。

“靠”分“硬靠”、“软靠”两种。“硬靠”又叫“大靠”，如果是“硬靠”，那么“护背壳”内可插四面三角形的小旗，称“靠旗”；“软靠”与“硬靠”没有式样上的差别，只是不插“靠旗”。“靠”也分“男靠”、“女靠”，“女硬靠”与“男靠”不同的只是从腰间往下缀有彩色飘带数十条，一般是红色或粉色。

《穆柯寨》中的穆桂英穿的是“女硬靠”，所以背上的“护背壳”内还插有四面“靠旗”。梅兰芳因为是第一次演刀马旦戏，所以是第一次扎“靠”，“靠”紧紧地扎在身上原本就不舒服，加上背上还插着四面“靠旗”，沉沉地压着他，使他不自觉地就有点哈腰屈背，而哈腰屈背的结果是他的头老是不由自主地往下低，低头又使他的眼睛无法抬起而总是往下看，眼神势必受到影响。茹莱卿在授课时就曾对他说过：“这类刀马旦的戏，固然武功要有根底，眼神也很重要，你要会使眼神才行。”而梅兰芳在演出中恰恰就忽略了眼神。

提出问题、找到症结、提出修改意见后，梅兰芳表示下次再唱这出戏一定会加倍注意，同时他也请朋友们帮忙治好这个毛病。要治就应该根治，如何短时间内根治？冯耿光等人商量后对梅兰芳说：“以后再演的时候，我们坐在正中的包厢里，看见你低头，我们就轻轻拍掌，以这个暗号来提醒你的注意。”

梅兰芳欣然接受。

第二次演《穆柯寨》，梅兰芳不知不觉地又犯了同样的毛病。当正唱做念在兴头上的梅兰芳忽然听到从正中包厢处传来的有节奏的击掌声时，他意识到自己又出错了，忙挺直腰板将头抬了起来。如此三五次，梅兰芳的一出戏总算在台下一批“名医”的监督下唱完了。观众们哪里知道，那几位不时击掌的看客原来在为台上的“穆桂英”治病，他们还以为这几个人是看到兴头处击掌喝彩呢。

要想一次性根治一种习惯的确不容易，梅兰芳之后又唱过两三次《穆柯寨》，每次都有冯耿光等人在台下给他暗号。渐渐地，暗号越来越少，直到整出戏没有出现一次暗号，他总算改掉了这个小毛病。

除了低头哈腰屈背的毛病有冯耿光他们帮忙诊治外，其他在身段做工方面，茹莱卿与饰杨宗保的朱素云也给了梅兰芳很大的帮助，特别是茹莱卿，每次演出，他总是一面操琴，一面细细揣摩梅兰芳在台上的一招一式，下场后，他立即与梅兰芳细细研究，总结得失。因为他俩同住一屋，所以经常深更半夜还在叽叽咕咕。

正是有茹莱卿、冯耿光等人的帮助，梅兰芳的《穆柯寨》演得越加得心应手。

学会了《穆柯寨》，冯耿光等人又提议梅兰芳何不将《枪挑穆天王》也学了。梅兰芳想想也是，《穆柯寨》他只学到杨宗保被擒为止，如果将接下来的《枪挑穆天王》也学成了，将这两出戏份儿两天连着唱，岂不是件很有意思的事？《枪挑穆天王》这出戏的精彩部分是穆桂英与杨六郎的几场对打，饰杨六郎的是王凤卿。王凤卿的武功底子要厚于梅兰芳，所以这出戏就由王凤卿传授给梅兰芳。

“打”是京剧“四功”之一，京剧舞台上敌我双方的战斗称为“开打”，意思是战斗场面的开始。台上的开打又分上手、下手，打法也略有不同。有王凤卿的精心指点，梅兰芳打起来倒也合手，与王凤卿的配合也很默契。

现学了《穆柯寨》和《枪挑穆天王》之后，梅兰芳又一鼓作气，学了头本《虹霓关》。当初，他跟王瑶卿学的是二本《虹霓关》，饰演其中的丫环，这个角色属青衣行，也就是梅兰芳的本行。此次在上海，他受刀马旦戏《穆柯寨》的启发，决定加学头本《虹霓关》，饰演其中属刀马旦行的东方氏。这个角色，谁最拿手？梅兰芳的表兄王蕙芳。

说来也巧，这个时候，王蕙芳刚刚结束在汉口的演出，也来到上海，听说梅兰芳正在这里演出，就登门看望表弟。表兄弟久别重逢自然格外亲热。三句话不离本行，在聊了一通在上海的演出情形后，梅兰芳说："蕙芳，我正打算学头本《虹霓关》里的东方氏，这可是你的拿手戏，就请你给我说说吧。"

其实，梅兰芳的真实想法是学会了头本《虹霓关》，然后将头、二本连在一起唱，就像连演《穆柯寨》和《枪挑穆天王》一样。而与《穆柯寨》、《枪挑穆天王》不一样的是，梅兰芳决定他在头本里饰东方氏，在二本里饰丫环。

至于他为什么要这样唱，20世纪50年代初，他的秘书许姬传曾就这个问题采访过王瑶卿，王瑶卿解释说："头、二本《虹霓关》里的东方氏，老路子是一个人唱到底的，像现在头本先演东方氏，二本改演丫环，是打兰芳兴出来的，这是因为他的个性不合适演二本的东方氏，才这样倒换了唱的。"

梅兰芳自己也这样对王蕙芳说："我的个性，对二本里的东方氏这一类的角色太不相近，演了也准不会像样。"

王蕙芳认为梅兰芳言之有理，便抓紧时间将唱词、念白和身段详细地教给了梅兰芳。因为朱素云饰其中的王伯党，所以他也把跟梅兰芳同场的一些身段教给了梅兰芳。这么紧张赶练了几天，梅兰芳在上海的"新"戏是连演头、二本《虹霓关》，而且一人分饰两个行当，前演刀马旦东方氏，后演青衣丫环。

一个以唱为主的青衣演员居然兼演刀马旦戏，唱舞并重，能唱能舞，况且还首次尝试分饰刀马旦和青衣，自然新鲜别致，从而使上海的观众耳目一新。梅兰芳的声名，就此印刻在了挑剔的上海戏迷心中。

梅兰芳演出的巨大成功，使许少卿笑逐颜开。在合同期满后，他再三央求梅兰芳和王凤卿续约。他对他们说："二位老板，馆子的生意太好了，希望二位再续半期，算是帮帮我的忙。"

对此，梅兰芳当即表示拒绝。他倒不是为了惩治许少卿的势利，只是因为他有些顾虑。他的理由是："我是初出码头的人，应该见好就收，再唱下去，不敢说准有把握。"看得出来，他是一个谨慎的人，也很冷静。实际上，他的顾虑的确有道理，再唱十天半月也不是不能唱，只是万一哪天唱砸了，那将意味着他前二十多天的努力很可能付之东流，前功尽弃，算是白忙活一场；如果见好就收那情形就不同了，他将昂首挺胸、踌躇满志地在众人的盛赞声中骄傲地打道回府。相反，他将很难再登上海的舞台。

王凤卿则没有那么多顾虑，他毕竟经验丰富，他认为照前一段的安排再唱十几天是不会有什么问题的。何况，他对梅兰芳充满信心。

既然王凤卿表示愿意和许少卿续聘，梅兰芳也就不好再说什么了。他是个随和之人，一般不是什么原则问题，他多半取礼让之策。

许少卿得梅、王二人同意续签半月的口头协议，兴高采烈地走了出去。随后，他的家人就为梅兰芳、王凤卿端来冰糖炖银耳，说是给他们滋阴润肠。此后每天早晨，他们都能喝上一碗热腾腾、炖得很烂的冰糖银耳。

一天早晨，梅兰芳出门散步后回到许家，跨入客厅，看见一个女人正跪在财神面前，嘴里念念有词。听见脚步声，女人转过脸来，一见是梅兰芳，随即站起身来，满脸堆笑迎上前去招呼："梅老板，你出去得早啊。"

这个女人是许少卿的太太。她是一个精明强干的女人，很泼辣，也很热情，她既能操持家务，也能辅助丈夫。当然，她和丈夫一样，也有些势利。

梅兰芳也连忙和许太太打招呼："今天天气好，我是去溜一个弯的，你不要招呼我，你做你的功课，我不打搅你。"

许太太却说："这有什么关系。"她指了指财神说，"光拜这个也没用，你们二位才是我们家

里的活财神呢。”

梅兰芳听罢不由笑了起来，他暗想：许家每天早晨送来的补品原来是在灌溉两棵“摇钱树”哩。

当天下午，许太太捧着大烟袋，来到梅兰芳的房间，推开门就笑着夹杂着上海方言对梅兰芳说：“梅老板，这几天你太辛苦了。我听见大家都说你的戏唱得真好，喉咙真润，扮相嘛，直头呒啥批评！台上唱戏，上千对眼睛，盯牢仔看。要叫大家都赞成，真勿是一桩容易格事体！”

“这是您的夸奖。”梅兰芳谦虚地说：“我初次到上海来，人地生疏，全亏你们老板照应我的。”

听到梅兰芳提到老板，许太太笑开了花，说：“我们老板对你的确是十分关切，他在我面前总是称赞你梅老板的。说你不但戏唱得好，而且脾气也好。年纪虽然是轻，交友稳重。将来一定是大红大紫的。”

许太太肯定不知道许少卿起初是根本不相信梅兰芳的“玩意儿”的。梅兰芳自然也不好提及，只说“但愿依了你们两位的金口”，算是对老板夫妻对他的夸赞的谢意。

梅兰芳不知道，许太太说了这么多恭维话其实是有目的的。又闲聊了一会儿，许太太这才又说：“梅老板，你晓得每天吃的这一碗炖得很烂的白木耳，是我亲手给你做的。你看你的气色多好。唱了一个来月的戏，还是红光满面，我的功劳不小。请你看在这一点上，要特别帮我多唱两天。”

按上海戏馆的惯例，演员在合同期满后，还要再帮几天忙，“前台一天，后台一天，案目一天……，老板娘也可以单独要求一天”，但梅兰芳当时是头一次应聘赴沪演出，并不清楚上海戏馆的这些规矩，他只是看在每天炖得很烂的白木耳的面子上，对老板娘的要求不好推托，便满口答应道：“许太太，您招待我们这么热心周到，这一点小事，还能够驳回您吗？”

“我晓得梅老板是最痛快的人，闲话一句，我多谢你的帮忙。”许太太说完，心满意足地走出梅兰芳的房间。

12月初，梅兰芳、王凤卿按照与许少卿的口头协议续演半个月，仍然十分叫座。“丹桂第一舞台”也加紧大作宣传，从12月1日起，《申报》每天都有王凤卿、梅兰芳演出的最新预告。与一开始的宣传不同的是，对梅兰芳的介绍多了溢美之辞。如介绍他将演的《女起解》为“梅艺员生平最得意拿手好戏”等等。最后一天，“丹桂第一舞台”更是许诺“特别包厢特别官厅头等包厢头等正厅各赠王梅合拍《汾河湾》小照一张”。赠观众演员照片这不是第一回，前次也赠，但因为照片洗印效果不佳，观众颇不满意，这一次算是补上一次的，所以戏单上又特别写道：“此照用玻璃光所印，较前所赠不同。”

最后三天的演出热闹非凡，梅兰芳、王凤卿不禁各自拿出看家本领，更安排王凤卿的二位公子王少卿、王幼卿参加演出。王氏父子三人同台演出将气氛推向高潮，也为梅、王二人首次赴沪演出画上了圆满的句号。

梅兰芳首次赴沪演出前后共45天，这位来自北京的第一青衣给上海观众留下了极为深刻的印象。上海观众不仅认识了梅兰芳，更倾倒于他的扮相、嗓音、身段和他的唱念做打。

总结梅兰芳在上海的成功原因，当时的著名戏曲评论家、编辑家、教育家、小说作家孙玉声一语中的："梅先生的扮相、嗓子和出台的那一种气度，过去我们是没有见到过的。"这是怎样的一种气度？清新、脱俗、美丽、高贵、大气、从容，又不失神秘。

九　第一部新戏

社会在经历了辛亥革命之后，发生了巨大变革，观众的审美情趣也随之发生改变。尽管在新文化运动中，民族虚无主义一度盛行，而将古典戏曲列为“遗形物”加以全盘否定，并主张用西洋戏剧取代中国戏曲。但是，戏曲毕竟有着强大的群众基础，全盘否定的主张不仅遭到梨园界的抵制，也被民众所唾弃。于是就产生了这样的怪状：学术知识界轰轰烈烈宣扬废除戏曲，戏曲却在民间继续热热闹闹，并按照它自身的艺术规律朝前发展。终于在“五四”前后，京剧走向了它的鼎盛时期。于是有人说，新文化运动与“五四”运动对于京剧，不仅没有多少影响，甚至有人极端地说，根本是毫发无损。

实际上，在社会大变革中，京剧作为存在于社会中的一种艺术形式，说它不受外界的任何影响，是不可能的。比如，辛亥革命后，女观众不能进剧场的封建陋习就被取消了。同时，艺人们的戏剧观多少也受到影响，一改过去唱戏是供人玩乐的旧思想，而演变为开始强调戏曲的社会职能和作用。

大批女观众得以走进剧场，颠覆了生行演员统治舞台的旧传统。于是，柔美漂亮的旦角逐渐取代粗鄙的生行，占据舞台的显要位置。梅兰芳、尚小云、荀慧生，以及之后程砚秋，开始成为舞台主角。除此以外，漂亮的戏，不仅要有漂亮的人，也要有漂亮的衣饰装扮。为了适应观众的审美变化，创造新戏，就成为一种流行，一种趋势。这个“新”，包括内容的新、服饰的新、造型的新、舞台的新，等等。

与此同时，社会的文明开放，使外国的艺术形式渗入到戏曲中来，特别是话剧，对京剧的影响尤其明显，不仅体现在表演形式上，也体现在内容上，更赋予教育开化以及反映现实、宣扬真善美、鞭挞假丑恶的文明功能。同时，知识分子对于戏曲封建落后的批评，一定程度上唤醒了梨园界有志人士的民主思想意识，从而引起他们的反省。

这一切，都是京剧界人士改良旧戏曲的动力和缘起。

最先跻身京剧改良行列的是梅兰芳。唤起他改良之心的，还要追溯到他于1913年初次赴沪演出时。也正因为如此，才说这次赴沪对他来说意义重大。

那次到上海，梅兰芳除了演出，更观摩了大量新剧以外的“新戏”，既有纯对白的话剧，更有改良了的新京剧。这些新京剧又被称为时装新戏。时装新戏的产生发端于上海的京剧改良运动，它突破了传统的表现模式，吸收了话剧的写实的布景与灯光，服装和造型方面也多根据生活的真实。

其实说起来，梅兰芳最早接触时装新戏，并非是1913年在上海，而应该是少时的学戏阶段。当京剧改良的一股清新的风吹到北京后，当时的

“玉成班”班主，即后来的“翊文社”班主田际云立即大胆地进行了尝试，创排了《天上斗牛宫》等时装新戏，开了以表演现代生活为题材的先河。随后，他又联合谭鑫培，将杭州贞文女校校长惠兴女士因在筹措办学经费时备受侮辱，愤而自尽的真实事件，编成《惠兴女》搬上舞台。

当时，梅兰芳只有11岁。客观地说，那时他对这些“新”戏好奇大于感悟。随着年龄的增长，思想的成熟，又观看了中国早期话剧奠基人之一王钟声编排的话剧之后，改良京剧的种子悄然扎根于他的心底。

在上海时，他敏锐地发现，传统京剧舞台上的老旧故事已经不能激起观众的兴趣，他们更渴望直面现实的故事，并通过演员对这些故事的渲染，发泄自己因社会变革引起的混乱而产生的愤懑和迷惘情绪。他由此感悟到时代的发展伴随着人们思想的进步，京剧已经到了非改良不可的地步。

第一次登上上海的舞台，梅兰芳就被新的舞台、新的灯光吸引住了。当他随着检场的挑起台帘而走向前台时，猛觉眼前一亮，整个舞台如同白昼，闪亮一片，仔细辨别，他才发现在台前有一排小电灯。当他刚一出场，所有的小电灯齐刷刷全部点亮了。他当时内心十分惊异，既惊奇于上海的舞台绚丽多姿，也惊奇于戏馆老板的独具匠心。试想电灯进入上海不过几年，戏馆老板为使观众注意新角，而在舞台上如此大面积地使用电灯，使人不得不佩服戏馆老板的精明。的确，明亮的灯光不仅吸引了观众的目光，也使梅兰芳更具风采。

站在舞台中央的台毯上，梅兰芳注意到这确实是座新式舞台，舞台呈半月形，台前两边没有那两根时常遮住观众视线的大圆柱子，使得视野开阔。在这明亮的新式舞台上，梅兰芳感觉神清气爽，忍不住在唱段里加了几句新腔，博来观众的阵阵叫好声。演出结束后，他特地到各大戏馆走了一圈，实地考察后发现上海戏馆的舞台要比北京现代化得多，包括灯光、布景、舞台美术。给他留下深刻印象的自然是我国最早的近代剧场——上海新舞台。

“新舞台”由夏月珊、夏月润、潘月樵于辛亥革命前夕合创，地址位于十六铺。夏氏兄弟幼承家学，是清末民初上海著名的京剧演员。月珊习文武老生及文丑，月润专攻武生。月珊于光绪三十年左右在上海创办丹桂瑞记茶园，后又与月润、潘月樵合办丹桂胜记茶园。这个时期，资产阶级民主革命走向高潮，受其影响，月珊、月润、潘月樵致力于京剧改良活动，排演了不少时事新戏，而1908年“新舞台”的创立将京剧改良运动推向了高潮，从这年开始到1912年，时装京戏大量涌现。新舞台摆脱了改良运动开始以来以案头剧本和舆论宣传为主的局面，转入进行大规模的有着广泛艺人参加的舞台演出实践活动。马彦祥所著《清末之上海戏剧》指出：“‘新舞台’可以说是中国舞台史上的第一次大革命，它不仅改变了剧场的形式，而且，用了新的舞台形式决定了剧本的内容。”

梅兰芳在“新舞台”看的几出戏是《黑籍冤魂》、《新茶花》、《黑奴吁天录》。“新舞台”成立后，编演了大量时装新京戏，有反映要

求推翻清王朝统治的《玫瑰花》、歌颂革命志士的《秋瑾》等。《新茶花》则表现了富国强兵、抵抗外辱的强烈愿望。《黑籍冤魂》深刻地反映了当时社会受鸦片毒害的真实情况。

无论是《新茶花》、《黑籍冤魂》还是《黑奴吁天录》，这几出戏虽“保留着京剧的场面，照样有胡琴伴奏着唱的，不过，服装扮相上，是有了现代化的趋势了”。这个“现代化”，不仅表现在受文明戏的影响，在剧本体制、结构、语言等方面与传统戏曲相比发生了很大变化，也表现在服装、景物、舞台美术以及演员表演念白等方面。

例如《新茶花》中主要角色新茶花梳波浪式短发，着白色长裙，腰部系带；陈少美则着军装、皮鞋、武装带；陈其美穿长袍、戴礼帽、贴胡须、穿圆口布鞋。《黑籍冤魂》剧中人物也多着时装，如长袍、马褂、坎肩、中国巡捕制服、外国巡捕制服、孝服等，黄包车夫则穿打着补丁的破衣破裤。在表演和念白上，这些时装新戏的表演多半朴实而无虚拟动作，念白中掺杂有上海方言。在景物造型方面，这些戏吸收话剧布景形式，《黑籍冤魂》这出戏，就分了二十三场（每一场等于一幕），剧中时空环境主要依布景而表现。《新茶花》一剧的室内景用了画幕的形式，人们从画幕上看到新茶花的卧室里有带顶的床帐、考究的木床，方桌上铺有台布，上面放着花瓶，方桌旁还有四把靠背椅子，非常生活化。

由于这个时期的时装新戏属于尝试阶段，因而显得稚嫩和不成熟，照搬生活原貌而未加选择和提炼，未能使生活的真实上升为艺术的真实。尽管如此，时装新戏还是吸引了大批观众，因为新的布景造型服装给观众耳目一新的感觉，极大地满足了他们的好奇心。

这些改良了的京剧，对梅兰芳日后创排时装新戏产生了极为重要的影响。同时，他在上海“谋得利”剧场观看的“春柳社”演出的新戏，如《茶花女》、《不如归》、《陈二奶奶》等，则直接给了他灵感。与“新舞台”的时装新戏不同的是，这类新戏已经不用京剧的场面，而是纯粹话剧化的了。

“春柳社”是留日学生中的戏剧爱好者于1906年在日本新派剧著名演员藤泽浅的指导下创办的一个综合性文艺团体，设有诗文、绘画、音乐、演艺等部门，以戏剧为其主要活动，中国早期话剧由此诞生。

“春柳社”成立的第二年即上演了根据美国作家斯托夫人的小说《汤姆叔叔的小屋》改编的《黑奴吁天录》，该剧主要描写美国白人农奴主欺压并贩卖黑奴的黑暗现实。“春柳社”之所以首选此剧，是因为他们认为此剧极富号召力，通过此剧，他们借召唤被压迫民族人民觉醒并反抗民族压迫，隐喻资产阶级民主革命要求民族独立和平等的政治主张。

之后，著名戏剧教育家、活动家、剧作家、演员欧阳予倩加入“春柳社”，参加“春柳社”的演出。梅兰芳所看的《茶花女》等新剧，就是由欧阳予倩演出的。

“谋得利剧场”是外国人开音乐会的一所小型剧场，位于南京路东外滩处。“谋得利剧场”在谋得利唱片公司仓库的楼上，有五六百个座位，当时上海的娱乐场所主要集中在福州路、福建路、汉口路一带，而谋得利一带非常冷清，甚至有传说说那里一到下雨天就会闹鬼，到那儿看戏的观众因而就更寥寥可数了。

欧阳予倩的《不归路》是根据日本德富芦花的小说改编，故事情节与中国的《孔雀东南飞》差不多，因为故事感人、情节生动，倒也吸引了不少观众。梅兰芳兴致勃勃前去观看此剧自然不单是去看故事的，而是去感受体会受日本新派剧影响极深的中国早期话剧。

无论是"新舞台"的时装新戏，还是"谋得利剧场"的中国早期话剧，都对梅兰芳日后的京剧改良运动起了促进作用。他曾这样说："这些戏的剧情内容固然很有意义，演出的手法上也是相当现实化，我看完以后留下了很深的印象。不久，我就在北京跟着排这一路醒世的新戏，着实轰动过一个时期，我不否认，多少是受到这次在上海观摩他们的影响的。"

除了新戏的故事内容以外，梅兰芳在上海时，还接触到了新式的化妆方法。当时，他在观

◎梅兰芳演时装戏的发式与服装

摩了上海旦角演员的演出后，发现上海演员在化妆方面有些地方与北京不同，似乎更美观一些，这主要表现在画眼圈和贴片子上。北方旦角演员从不将眼圈画得很黑，而是淡淡地画上几笔，而上海旦角演员却将眼圈画得很黑，使眼睛显得更大更有神。

从上海回到北京后，梅兰芳学习上海旦角演员的化妆方式，对北方旦角演员的传统化妆方式进行了改革，在加深眼圈颜色的同时，他还提倡不能一味地画黑眼圈，而要根据各人眼睛大小因眼而宜，眼睛太大，在画眼圈时尽可能使眼睛看上去小一些，反之，眼睛太小，则需要以画眼圈使眼睛增大。这样，无论是大眼睛的演员，还是小眼睛的演员，经过化妆后，眼睛看上去都很有神、很好看。

北方早期青衣演员在贴片子方面比起南方演员也有缺陷，梅巧玲那个时期的青衣演员贴片子时，片子贴的部位又高又宽，往往会把脸型贴成方的。典型的青衣扮相就是再在鬓角贴出一个尖角，俗称“大开脸”，头上再打个“茨菰叶”。再往下一代，贴片子仍没有太大改进。到梅兰芳这一代才稍稍有了变化，往当年闺门旦贴片子的路子上改了。虽已有了进步，但梅兰芳在上海看过上海旦角演员贴片子后觉得北方仍然是落后的，回京后，他仔细琢磨，多次实践，总结出贴片子的部位有“前、后、高、低之分”，脸型大的往前贴，脸型小的往后贴，脸型短小的可以贴高一点，脸型长大的就应该贴低些。这样一来，增加了舞台人物形象的美感。

有传统京剧的基本功做基础，又有日渐远播的名声，更有社会环境的烘托，梅兰芳意识到新的改良京剧的种子已经发芽。从上海返回北京后，他立即着手开始他舞台生涯中很重要的一个阶段——排演新戏。

梅兰芳创排的第一部时装新戏叫《孽海波澜》。

这出戏和“翊文社”老板田际云有关。田际云是个勇于接受新思想的人，他邀请王钟声的剧团在北京演出改良新剧后两年，再次邀请王钟声偕同盟会会员刘艺舟率团二赴北京，在由他主持的天乐园连演《爱国血》、《孽海花》、《青梅》、《黑奴吁天录》、《迦茵小传》等新剧，因此而被清御史以“勾通革命党，时编新戏，辱骂官府”为名逮捕入狱达三个月之久。出狱后，民国伊始，改良风气已弥漫全国，戏剧界也不例外，新戏倍出。南方戏剧界改良运动先驱汪笑侬等人频繁北上演出，新戏运动更加如火如荼。田际云的“翊文社”不甘落后，于1913年排演了由贾润田编剧的新戏《九命奇冤》。

当田际云得知梅兰芳也有意编演时装新戏时，非常支持，他托“翊文社”的管事给梅兰芳送去几个新戏剧本，让他挑选一出。权衡比较后，梅兰芳选中了以北京发生过的一件真人真事改编的《孽海波澜》。这个剧本也由贾润田编剧，剧本曾在报上发表过，故事情节大致如下：

营口人孟素卿受婆婆哄骗到北京，被卖入妓院，开妓院的是恶霸张傻子，他一贯逼良为娼、虐待妓女。孟素卿入妓院后托同乡张子珍给家里捎信，让家里人来赎她。不久，《京话日报》记者彭翼仲知晓孟素卿的遭遇后在报上揭发了张傻子的罪恶行径，引起社会公愤。开明官吏协巡营帮统杨钦三查实后将张傻子拘捕入狱，并封了妓院，还接受彭翼仲的建议，成立了济良所，收容妓女，教她们读书认字，学习手工。孟素卿的父亲孟耀昌接到女儿的信后，火急火燎地赶到北京，在彭翼仲的帮助下在济良所找到了女儿，父

女团圆。这时，其他被拐骗的妓女分别由家人领回，亲人终于团聚。

梅兰芳读罢剧本，首先感受到这出戏极富意义。虽然他以前演过的一些老戏也富教育意义，但毕竟取材于古代，离现实太远，即使是真人真事也不足以使观众相信，而《孽海波澜》的故事刚刚发生，张傻子、孟素卿这样的人或许还有很多，他们或许就生活在观众身边，如果编演此剧，观众一定会受到极大震动。

梅兰芳拿定主意后立即请他的几位朋友帮忙出主意、拿意见。朋友们读完剧本后立即分成两派：反对的一派认为由梅兰芳出演一名妓女名声不大好听，况且他从来没有演过这一类青楼女子；而赞成的则认为无论饰演何种角色，只要这种人的不幸是社会现实，那就应该表现出来以“提醒大家注意”。梅兰芳自己也认为演什么角色不重要，重要的是是否将你所饰演的角色的命运恰如其分地表现出来。梅兰芳说服了反对的一方后，决定以《孽海波澜》作为他演时装戏的最初尝试。

可是真正要排演了，该从哪里着手呢？梅兰芳一时摸不着边儿。他虽看过不少时装新戏，但真正轮到自己排演的时候发现要做的准备工作真是太多了。经与朋友们研究后，他决定从角色分配入手。毫无疑问，女主角孟素卿肯定是由梅兰芳扮演，李敬山饰张傻子，郝寿臣饰杨钦三，刘景然饰鼓翼仲，王子石饰老鸨，王蕙芳饰另一妓女贾香云。《孽海波澜》里不光是孟素卿的故事，也穿插了其他妓女的故事，如贾香云的故事也颇生动。

分配好了角色，接下来就得解决服装问题。既然是时装新戏，自然不能着行头，而得穿时装。孟素卿的装扮要与她的身份经历密切相关，不能拣好看的穿。梅兰芳将孟素卿的经历划分为三个时期，即拐卖时期、妓院时期、济良所时期。根据这三个时期，他将孟素卿的服装分别定为拐卖时期贫女打扮；妓院时期着华丽的绸缎；济良所时期穿竹布衫裤。这三种不同的服装正反映了人物在不同生活时期的不同处境。不论服装如何变化，孟素卿与贾香云始终梳一条大辫子。

当时早已进入民国，梅兰芳、王蕙芳也早已剪了脑后大辫子，所以，在这出戏里，他俩都戴着一条假辫子。

至于布景、身段和场面的配合方面，梅兰芳事后回忆道："布景的技巧，在当时还是萌芽时代，比起现在来是幼稚得多，而且也不是每场都用的。身段方面，一切动作完全写实，那些抖袖、整鬓的老玩意儿，全都使不上了。场面上是按着剧情把锣鼓家伙加进去。"

连续排演了几个月后，《孽海波澜》分头、二本，正式在天乐园公演，剧中人物彭翼仲、杨钦三的原型被请去观看，成为"座上的剧中人"。头本从孟素卿被卖入妓院起，演到公堂审问张傻子，二本从彭翼仲向杨钦三建议设立济良所起到孟父女团聚，最后是张傻子戴枷游街。整出戏从头至尾始终紧扣观众心弦，特别当梅兰芳、王蕙芳演到在济良所学习缝纫一场时，台下一点声音也没有，观众聚精会神地听着他俩的唱，看着他俩的做。学缝纫一场戏与原剧本小有出入，是梅兰芳、王蕙芳经细细研究后重新改编的。为逼真起见，他们还特地将胜家公司的缝纫机搬上了舞台。当孟耀昌找到孟素卿，孟素卿拿着父亲的照片痛哭不已时，梅兰芳看到台下有好些女观众正用手绢抹着眼泪呢。

这出戏之所以成功，除了梅兰芳、王蕙芳的表演无可挑剔外，饰张傻子的李敬山也有上佳表现，张傻子逼奸孟素卿一场戏，李敬山表演生动，将一个恶霸的凶恶嘴脸暴露无遗，最后一场戏，张傻子戴枷游街时，嘴里嚷着："众位瞧我要狗熊，这是我开窑子的下场头。"此时，李敬山将一个十足下流混混的形象表现得淋漓尽致。

梅兰芳的首出时装新戏虽不像理想中那样完美，但还算是成功的。它之所以具有叫座能力，梅兰芳说基本是由于两种因素：一是新戏是拿当地的真事做背景，剧情曲折，观众容易明白；二是一般老观众听惯了他的老戏，忽然看他的时装打扮，耳目为之一新，多少带有好奇的成分。实际上，更重要的原因应该是他顺应时代潮流、敢于创新，使艺术贴近了社会，贴近了大众，使观众产生了共鸣。

十 第一次遇险

梅兰芳第一次赴沪演出时，对于上海观众来说，还只是个初出茅庐的新人。一年之后，也就是1914年年底，当他第二次赴沪时，已经是个名角儿了。这次，他还是跟王凤卿一起去的上海。不过，邀请他们的，不是许少卿，而是“丹桂第一台的”新老板尤鸿卿和文凤祥。

12月1日，梅兰芳一行坐津浦车抵达上海，尤鸿卿事先已为他们在戏馆附近租好一所两楼两底的弄堂房子，他们下了车即由“丹桂第一台”派来的车将他们送去住地。此时，尤鸿卿特别聘请的来自北方的厨师已经忙活开了。按惯例，新角到了，戏馆老板照例要招待一顿，这叫做“下马饭”。

与梅兰芳、王凤卿同吃“下马饭”的还有“丹桂第一台”的基本演员。“丹桂第一台”的基本演员与梅兰芳首次赴上海时有了部分增减，增加了花旦赵君玉，老生贵俊卿、三麻子（王洪寿），武生杨瑞亭，老生小杨月楼、八岁红，花旦粉菊花、月月红相继离开了第一台。仍然留在第一台的有武生盖叫天、张德俊，花脸刘寿峰、郎德山、冯志奎，小生朱素云、陈嘉祥等。

在上海流连一周后，梅兰芳准备登台了。那天晚上，他和王凤卿又被拉去应酬，那顿饭吃到很晚，主人一直没有散席的意思。性情温和的梅兰芳内心急得着了火，却又不好意思开口离席。好不容易逮到一次机会，他说：“我们有戏在身，得先走一步了”，这才脱了身。

出了菜馆，梅兰芳急步跳上马车。马车迅疾冲了出去，幸好菜馆离戏馆不远，拐一个弯就到了。远远地，梅兰芳就看见跟包聋子宋顺正在门口东张西望，从他脸上表情看，他显然已等得心焦，看见梅兰芳的车子过来了，他连忙上前为梅兰芳开了车门。

梅兰芳火急火燎间一时竟然忘了宋顺是聋子，他一边往扮戏房走，一边问宋顺："场上到哪儿了？"他见宋顺不搭理他还有些奇怪，突然反应过来后直笑自己"赶场赶得迷糊了"。其实，时间完全够用，等他扮好戏，前面的戏还没有唱完呢，他不过是因为在北京赶场赶怕了。然后，场上小锣响了起来，梅兰芳在一片喝彩声中，在上海的第二次演出，开始了。

和第一次赴沪演出不同的是，此次"丹桂第一台"加大了宣传力度。人们每天都可在《申报》上看到有关王凤卿、梅兰芳的演出消息。对于梅兰芳，更是好话连连，赞誉声声，称其所扮演的青衣角色有"一种妩媚幽静令人心醉"之感；说他的《贵妃醉酒》"声色兼备，真独一无二之好戏"；夸他所饰演的穆桂英"艳丽袅娜，令人心醉神驰"；在《雁门关》中所饰旗装花旦，"一种柔情妩媚，……喜怒哀乐愁现于面，其佳妙之外，笔难尽述"。对于他和王凤卿合演的《御碑亭》，更称之为"可谓珠联璧合、独一无二矣，较之他人所演者迥然不同"，又称其与赵君玉为“一对璧人”。

这些溢美之辞虽不乏戏馆老板为提高卖座而宣传，但也窥见梅兰芳的地位较之首次赴沪有了较为明显的提高，甚至可以看出戏馆老板有意以梅兰芳来叫座，安排梅兰芳与“丹桂第一台”著名花旦赵君玉合作便是此目的。

在抵达上海之初的那顿“下马饭”上，尤鸿卿特别将赵君玉介绍给了梅兰芳。

与梅兰芳一样，赵君玉也出身于梨园世家，他的祖父赵嵩绶原是皖南徽班的鼓师，曾参加过太平天国运动，后到上海加入京班重操旧业，成为著名鼓师。他的父亲赵小廉是著名武生演员，与谭鑫培是好友，曾主持过“天仙茶园”。

赵君玉和梅兰芳同龄，初学花脸，艺名大小奎官，后改演花旦、小生，改名君玉。他在学唱小生期间，曾长期与冯子和配戏，对冯的唱念及做工有很深的研究和体会，改演花旦后，他曾为谭鑫培配演《珠帘寨》中的二皇娘，很为谭鑫培赏识，谭鑫培亲自加以指导。后来，他又与谭鑫培合作过《御碑亭》、《汾河湾》等，都有上佳

表现。

还有一个方面，赵君玉和梅兰芳也有相像之处，那就是天资聪慧、扮相秀丽，对业务勤于钻研，会戏很多，花脸、小生、花旦、刀马旦、梆子他全都能唱。他的最可贵之处在于他能时时观察、研究各种类型的青年妇女。所以，他精通时装戏，曾参加过《新茶花》、《黑籍冤魂》的演出，颇受观众欢迎。

尤鸿卿为梅、赵二人做了介绍后，又对他俩上下打量了一番后，笑着说："你们两位要同场对唱一出戏，是再合适没有了。"说完，他又安排梅、赵二人紧挨着坐在一起，连声说："你们好好谈谈，好好谈谈。"

梅兰芳是个聪明人，他看出尤鸿卿竭力拉拢他和赵君玉是有目的的。"他准是要赵君玉跟我合演几出戏。"梅兰芳暗忖。果然不出所料。从《申报》自12月1日至3日连续刊登的广告上得知，梅兰芳、王凤卿到达上海的当天晚上就商议好了三天"打泡戏"分别是《彩楼配》、《朱砂痣》；《女起解》、《取成都》；第三天合演

《汾河湾》。三天“打泡戏”后，尤鸿卿便提议梅兰芳和赵君玉合作《五花洞》（又名《真假金莲》），他认为由他俩合演肯定“是能够叫座的”。早有思想准备的梅兰芳答应了。

于是，他和赵君玉首次合作的《五花洞》在12月17日正式上演。梅兰芳饰假金莲，赵君玉饰真金莲。尤鸿卿还特意将这出戏放在大轴上唱。大概是因为观众看到真假金莲“年龄相仿，扮相不分上下，服装一样，唱的词儿也相同，觉得新鲜别致，所以情绪相当热烈”。赵君玉正是因这次与梅兰芳的合作而声名大震。

梅兰芳第二次在上海演出共达三十五天，与赵君玉合作多次，主要戏目除了《五花洞》外，还有《掘地见母》、《孝感天》、《樊江关》等。他自己的戏，加演了《贵妃醉酒》、《破洪州》和《延安关》。

《贵妃醉酒》是路三宝的拿手好戏，他教给梅兰芳的第一出戏就是《贵妃醉酒》。梅兰芳是第一次从上海回京后向路三宝学的这出戏。早年他看路三宝演出此戏就“觉得他的做派相当细致，

功夫结实，确实名不虚传”，但当时因为这是路三宝的“看家戏”，梅兰芳一直未向他开口要求学习这出戏。当他从上海回京，与路三宝同搭“翊文社”时，发现路三宝已不再唱这出戏了，便请他来教自己。路三宝满口应承，足足教了梅兰芳半个多月，梅兰芳才算彻底学成了。在“翊文社”首次演出这个戏时，路三宝还特意送给梅兰芳一副很好的水钻头面。这副闪闪发亮的水钻头面，梅兰芳一直珍惜着，就像珍惜着恩师的教诲。

有和赵君玉的合作，又有《贵妃醉酒》这样的新戏，梅兰芳第二次在上海的演出，和第一次一样，大受追捧，甚至更受欢迎。这个时候，梅兰芳在上海，算是彻底站稳了脚跟。

在上海的演出即将结束时，有一天，他从朋友家应酬回来，刚跨入客厅，客厅内坐着的一位伙计就告诉他，“北京的俞五老板同他的嫂子来了”。他所说的“俞五老板”，指的是俞振庭；“他的嫂子”，指的是梅兰芳夫人王明华的姑母。梅兰芳推开房门，果然看见两位正和王明华说着话。见梅兰芳回来了，俞振庭站起身上前招呼。

梅兰芳笑着问："你们几时到的，住在哪里，到上海来玩儿啦，还是有什么公事（内行称'邀角'为'谈公事'）？"

俞振庭回道："今天刚到，先在一家栈房落脚，随即就来看你们了，我这一次完全是来谈公事的。"

梅兰芳听俞振庭这么说，也没有多想，俞振庭这样的戏班老板到上海来邀角是常事，也就对俞振庭说："那好极了，我祝您公事顺利，等您把事儿办完，我这儿也快期满，我们难得在上海遇着，先玩两天，再一块儿回北京，路上不是热闹得多吗。"

俞振庭笑笑没说什么，他有些开不了口，毕竟他是在挖别人的"墙角"。

王明华此时插话，对梅兰芳说："你知道俞五老板邀的角儿是谁吗？"

梅兰芳听妻子这么一问，心里顿时明白了三分，但他不敢肯定，他觉得俞振庭不至于会为他特意从北京赶到上海，他完全可以等他回京后再来邀他。梅兰芳低估了自己，他在上海成功的演出，上海观众对他近似狂热的欢迎已经为他在艺坛上的地位增添了砝码，而他在上海的演出活动也已经传到了北京。俞振庭正是要抢在别人之前先下手争取这颗日渐璀璨的新星。

不等梅兰芳回答，王明华笑着对他说："他来邀的角儿就是你，我们已经谈了好半天，他想约你明年加入他的'双庆社'。"

既然王明华已经开了口，俞振庭便顺着往下说出他的真正来意："我们几千里路下来，专程为了邀您，您可不能驳回我的。"

梅兰芳一时不知如何是好，答应他意味着回京后无法向他现在搭的戏班"翊文社"老板田际云交代，不答应他情面上又过不去。俞振庭之所以带嫂子一同南下，就是因为他的嫂子是王明华的姑母，因此，梅兰芳与俞振庭多少也有点亲戚关系，他当然不能驳了亲戚的面子。此时，他终于明白，俞振庭这次打的是"亲情牌"。一方面，俞振庭言辞恳切；一方面又有夫人王明华看在姑母的面子上，从旁撮合，梅兰芳不答应也不行了。何况，他又是心肠软的人。于是，他说：“其实这点小事，您又何必老远的跑一趟呢？写封信来，不也就成了吗？”

俞振庭忙摆手道：“那不成，我听说北京有好几处都要邀请您，我得走在他们头里，来晚了，不就让您为难吗？”俞振庭也是知道他的要求会使梅兰芳感到为难，但他也很了解梅兰芳，知道他是个重亲情的人。

俞振庭坐等梅兰芳的决定，大有不容梅兰芳再考虑之意。梅兰芳只好说：“您的事总好商量，不过，‘翊文社’田老板那边，也得有个交代，我们慢慢地想一个两全的办法才行。”

刚刚答应了俞振庭，梅兰芳就接到了田际云的邀请信。田际云自然是希望梅兰芳自沪回京后仍然能够留在他的“翊文社”。在信里，他还暗示梅兰芳不要答应俞振庭。显然，他已经听到了风声，但他太大意了，他不知道他的信晚来了一步。也许是他太自信了，他以为梅兰芳去上海前一直是“翊文社”的人，回京后回“翊文社”乃顺理成章的事。其实，他原本连这封信都懒得写，只不过因为听说俞振庭南下上海邀角，才有了些危机感。

除了田际云的“翊文社”和俞振庭的“双庆社”在争夺梅兰芳，北京的另外几家班社也先后给梅兰芳写了邀请信。梅兰芳无法答复他们，直接拒绝会伤了和气，不拒绝又是不可能的，他只有保持沉默，不回信。

老谋深算的俞振庭虽然得到了梅兰芳的答复，却并不敢高枕无忧，他深知梅兰芳心软、和善、从不得罪人的个性，担心他回京后架不住田际云的攻势再反悔。于是，他没有离开上海，借口要在上海多玩几天，一直伴随梅兰芳左右，等他演出期满后，一同乘火车回京。

也幸亏俞振庭事先有所防范，果不出他所料，出事了。

火车徐徐驶入北京前门车站，梅兰芳一行刚出车站即被“翊文社”以及其他几家班社派来的人团团围住，死拉活扯，企图拉梅兰芳上自家的车。梅兰芳此时已经成了众人抢食的甜果了。俞振庭手疾眼快，紧紧拉着梅兰芳一路狂奔冲出包围，径直奔到“双庆社”事先停在站外的马车边，然后一把将梅兰芳推上了车。长鞭一甩，马车飞奔而去，直驶鞭子巷三条梅宅。

马车驶远了，“翊文社”派去接的人急忙奔回，向老板报告说：“梅兰芳被俞振庭抢走了。”

田际云一听就忍不住火气升腾，他既恨俞振庭，又气梅兰芳，恨俞振庭挖人“墙角”的小人行为，气梅兰芳不够仗义。他此时此刻的心情应该是能理解的，梅兰芳自搭“翊文社”起，田际云自始至终对梅兰芳不薄，特别当梅兰芳试图排演时装新戏时，他曾给了梅兰芳很大的支持与帮助。梅兰芳虽然不至于因此必须将自己终身卖给田际云，但如果他在改搭别的班社之前向田际云打个招呼，容田际云的思想有个转弯的时间的话，那么，事态是否就不至于恶化呢？

此时，田际云突然接到梅兰芳改搭“双庆社”的消息，而且这个消息还不是梅兰芳亲自告诉他的，他在精神上一时无法接受，梅兰芳这一走不仅使他大失面子，更会影响“翊文社”日后

的生意，这样想来，他不禁恼羞成怒。于是，他气呼呼地叫来“翊文社”管事赵世兴，命令他立即去通知梅兰芳，不许他搭别人的班，否则就打断他两只腿，让他永远无法再登台。

梅家接到赵世兴转达的田际云的“通牒”后，都很气愤，特别是梅兰芳的姑父秦稚芬更是怒发冲冠。梅兰芳自己，则一时无言以对。秦稚芬仗着自己有一身武艺，挺身而出，决定由他保护梅兰芳的人身安全。

田际云的威胁并没能使梅兰芳妥协，他虽然很能理解田际云，但他既然已经答应了俞振庭，也不能出尔反尔，他寄希望于田际云冷静下来后能与之坐下来好好谈谈，彼此沟通后达到一致。然而，田际云仍然无法平息自己的怒气，当他得知梅兰芳去意已定时，便头脑发热，让赵世兴管事率三十六名手下手持舞台上用的刀枪棍棒，直闯鞭子巷三条，欲实现“打断梅兰芳的腿”的诺言。

闹哄哄、气冲冲的吆喝声让正在房里的梅兰芳有了警觉，他立即从后门跑了出去，直奔秦家。秦稚芬安排梅兰芳躲藏好后，自己奔到鞭子巷三条，在鞭子巷三条南口的空场上遭遇赵管事等人，他冲上去拦住他们的去路。

赵管事问：“你姓什么？干吗多管梅家的闲事？”

秦稚芬不客气地回答：“我姓祖，是你祖宗！”

双方剑拔弩张，一场恶斗在所难免。秦稚芬一个打三十六个，直将对方打了个遍地找牙。如此一来，田际云派来的人不但没能打断梅兰芳的腿，甚至连梅兰芳的腿都未能看到，反而败下阵来。田际云见手下个个鼻青脸肿，遂将仇恨转嫁到了秦稚芬的身上，再派出四名高手与秦稚芬过招。

双方在给孤寺门口的一块空场上几番较量后，四名高手也被打趴下了。临走时，秦稚芬让他们回去转告田际云，不许他以后再干涉梅兰芳的行动。

为防不测，秦稚芬有一段时期一直跟随在梅兰芳左右，保护着梅兰芳。梅兰芳的朋友冯耿光得知情况后，准备送秦稚芬一根带枪的手杖，秦稚芬执意不肯接受，他就相信自己“那身铁打的功夫”。

田际云见武力对付不了，便诚心邀约梅兰芳磋商洽谈。梅兰芳本就主张凡事协商解决，从来也不愿意恶言相向，更看不得大打出手，自然很乐意接受田际云的邀约。双方终于心平气和地坐了下来，进行谈判。最终，他们达成协议：梅兰芳在“翊文社”再唱几天，然后转入“双庆社”。一场风波就此平息了。

以现在人的眼光看这场纠纷，如果当时梅兰芳与“翊文社”签有合同，不论合同是文字的还是口头的，在合同期满之前，梅兰芳擅自“跳槽”自然是梅兰芳的不是，但显然当时演员搭班并不与班社订有书面合同，否则也就不会出现上述纠纷了。虽然双方没有书面合同，但总应该有个惯例，如果惯例是演员来去自由，不受任何限制，那么，梅兰芳的“跳槽”也没有错。

当时京剧团体已经由“班”改为“社”，“社”里的成员按惯例来去自由，甚至允许成员

“脚踏两只船”。梅兰芳的行为在他与田际云的班社没有合同的情形下并没有错，而田际云的愤怒、气急败坏，甚至威胁恐吓也不能说完全不可原谅，毕竟梅兰芳此时已是名角，他的行为客观上使田际云蒙受了精神上、经济上的损失。只是田际云后来有些过急的行为使人们由起初对他的同情、理解转为指责，这是他不聪明的地方。

梅兰芳到底算得上是君子。后来，田际云冷静下来后主动派人向梅家求亲，梅家也不计前嫌，将亲戚王家的五姑娘嫁给了田际云的儿子田雨农，梅田两家和好如初。

按照秦稚芬的儿子秦叔忍的说法，这是梅兰芳成名后遇到的第一次风险。

十一　经典大戏《霸王别姬》

《孽海波澜》之后，在1915年到1921年，梅兰芳在这七年的时间里，又集中创排了十四部新戏。仅1915年4月至1916年9月间，他就连续排演了老戏服装的新戏《牢狱鸳鸯》；时装新戏《宦海潮》、《邓霞姑》、《一缕麻》；古装新戏《嫦娥奔月》、《黛玉葬花》、《千金一笑》。

1916年排演了古装新戏《春秋配》。

1917年排演了古装新戏《木兰从军》、《天女散花》。

1918年排演了古装新戏《麻姑献寿》、《红线盗盒》，时装新戏《童女斩蛇》。

1921年排演了古装新戏《霸王别姬》。

从中可以看出，梅兰芳于1915年到1916年间集中排演了多部新戏，除了一部“老戏服装的新戏”外，“时装新戏”占三部，“古装新戏”也占三部。如果论每部戏的具体排演月份，时装新戏是排在古装新戏之前的。这也符合梅兰芳受上海“改良京剧”的影响，致力于时装新戏的排演。

这些新戏受观众欢迎的程度，梅兰芳是预料到的，毕竟它们是“新”的，但因为如此而引发了一些故事，却是他万万没有想到的。比如，《一缕麻》这出戏救了一个与戏中女主角林小姐有相似遭遇的万小姐，就颇令他意外。

《一缕麻》一演再演，从北京演到了天津。在天津，住着万宗石、易举轩两家，他们两家在当时社会都是有地位的人家，且彼此还是通家世好。万家的女儿许给易家的儿子，后来易公子不幸患了精神病，有人主张退婚，可是两家都碍于脸面，哪方都不愿先开口。他们有几个热心的朋友眼见万小姐一生的幸福就要被葬送，出于友情，出面劝说两家，可是没有结果。无奈之余，就在剧场定了几个座位，请他们去看《一缕麻》。那天晚上，双方都去了剧场，万小姐也去了。万小姐看完回家大哭了一场，她的父亲被感动，终于下决心托人与易家交涉退婚。易家自然也无话可说，双方就协议取消了婚约。

梅兰芳原本和万、易两家相熟，可他当时并不知道有此事。后来有一次他在朋友的聚餐会上碰到了万先生，万先生一五一十告诉了他。他听了后，大为惊讶，感慨地说：“真想不到《一缕麻》会有这样的效果。”

梅兰芳热衷于排演时装新戏的原因在于时装新戏能够描写现实题材，揭露社会的阴暗面，虽然每出戏无法包罗万象，而只能反映社会某一方面，梅兰芳却仍希望这些戏能起到教育、警示的作用。《一缕麻》能有这样的效果，梅兰芳自然深感欣慰。

另一部新戏《牢狱鸳鸯》在编剧手法上、表演技巧上就更趋成熟了。和前几出戏不同的是，这不是一出时装新戏，而是穿着老戏服装的新戏。

这出戏说的是一个有学问但家境贫寒的书生

卫如玉，与大家闺秀邓珊珂之间的爱情故事，内容虽然没有摆脱一对真心相爱的青年男女经过无数磨难终成眷属这样的俗套，但因为符合当时观众的欣赏心理，因此，按照梅兰芳自己所说，“演出的成绩，是不能算坏的”。

或许正是因为这出戏引起了观众的共鸣，观众既为这出戏的内容也为演员的表演所打动，他们在不知不觉中被带进了情境。

有一次，梅兰芳在吉祥戏园演出《牢狱鸳鸯》，当演到卫如玉被屈打成招时，高四保饰演的县官吴旦高坐堂上，一副凛然的样子，冲着正跪在堂下的姜妙香所饰演的卫如玉道：“你不肯招，也得叫你招了，才好了了这场官司！”

高四保全然进入了角色，不曾想台下一位老观众冷不防从台下跳到台上，指着高四保大骂：“卫如玉没有杀人，为什么屈打成招！你这狗官，真是丧尽天良，我打死你这王八蛋。”

说完，老者挥起老拳就朝高四保打去，高四保因为表演投入，一时没有反应过来面前这位突然出现的老头是什么人。面对老拳，他只是本能地想躲。事情来得突然，情急之下，他一猫腰躲在了桌子底下。刚才还打着官腔，一身臭架子的县官转眼成了缩头乌龟。正跪在地上的姜妙香原本想站起身去安慰老者，但又一想，自己是犯人，县官突然躲进了桌肚肯定已经让观众纳闷了，一个犯人再突然站起身来，岂不大乱。于是，他只能继续跪着。正在这时，后台管事上台将老头拉了下去，边拉边解释道："这是做戏，不是真事，您别生气，请回到您的座儿上，往下看，您就知道卫如玉是死不了的，您放心吧。"

老头还没有清醒过来，仍在一个劲儿地大骂："狗官，混账，可恶！"

老头被拉起后，高四保从桌底下钻了出来，定定神，坐回原位，继续演戏，但再也找不到那种"擅作威福，盛气凌人"的样子了。下了台，他心有余悸地对梅兰芳说："敢情坏人是真做不得，戏里扮的是假的，还要挨揍，如果真照这种样子做官，他那一县的老百姓，不定恨得怎么样呢。"

梅兰芳还在为刚才那一幕笑得合不拢嘴，对

高四保说："这也可以证明您演得太像了，台下才动真火的。"

这段小插曲从侧面反映了《牢狱鸳鸯》成功的艺术效果，梅兰芳也由此更加体会到戏剧对观众巨大的感染力。

梅兰芳的五部时装新戏，都体现了他的编创目的，即采取现实题材，意在警世砭俗。如《孽海波澜》揭露了娼寮黑暗，呼吁妇女解放；《宦海潮》反映官场的阴谋险诈，人面兽心；《邓霞姑》叙述女子为争取婚姻自由，与恶势力作斗争；《一缕麻》展示包办婚姻的悲惨后果；《童女斩蛇》为的是破除迷信。

在创排时装新戏同时，梅兰芳更致力于古装新戏的尝试。他的第一部古装新戏是《嫦娥奔月》。

这部戏对于梅兰芳来说，非常有意义，因为它创造了两个第一：第一次以古装排演新戏；第一次在京剧舞台上使用追光。

这年下半年，美国有一个教师团体来华访问。美国人在华北创办的几所学校的俱乐部委员会为欢迎这个教师团，决定换一种欢迎方式，由传统的集会节目改为举办一次中国京剧晚会。时任交通部路政司司长的刘竹君力荐梅兰芳出演，他认为梅兰芳虽然年纪尚轻，刚刚二十岁，但是表演艺术却不同凡响，前途大有可为。于是，在外交部的安排下，梅兰芳应邀在当时的外交部宴会厅为美国客人演出了他的新编歌舞剧《嫦娥奔月》，受到在座的约三百多名美国教师的热烈赞赏，他们一致认为梅兰芳的表演细腻动人，表达了中国古典戏剧的优点。

这大概是中国京剧演员最早在中国的土地上向外国人介绍中国京剧。从此，梅兰芳的京剧表演在外宾来访的招待宴会或晚会上成为保留节目。据说，以后来华访问的外国人到北京有两样必看，一是长城，一是梅剧。

如果说《嫦娥奔月》开辟了古装新戏道路的话，那么，紧接下来的另一出古装戏《黛玉葬花》则开辟了红楼戏的道路。还有一部红楼戏是《千金一笑》。这出戏里最重要的道具——扇子——却引出了一桩小故事。

《千金一笑》剧本编好后，梅兰芳忙着排身段，念台词，直到正式演出前一天，他才突然想起戏里最重要的道具，那把扇子还没有准备好呢，他忙着翻箱倒柜，终于找出一把两面空白的扇子。他把扇子放在书桌上准备次日带去戏馆。书桌上的文房四宝提醒了他，他一时兴起，操笔在扇面上画了一朵牡丹。有画就要有字相配，这时正巧姚玉芙也在，梅兰芳便把写字的任务交给了他。姚玉芙便在反面题了五句诗。字画都有了，最后需要题款了，大家说："这出戏一共只有三个人，现在晴雯、袭人都留下了作品，这款就该宝玉来题了。"正说着，姜妙香踱了进来，一听要落款，他便笑着一挥而就。这件道具经过剧中三个人物的共同努力制作成功了。

正式上演《千金一笑》时，这把扇子起了作用。可按照剧情，扇子最后是要被晴雯撕了的。戏唱完后，梅兰芳想着要捡回那把被撕坏的扇子准备带回去留作纪念，可遍寻不得，朋友许伯明在一旁还故作疑惑地说："真奇怪了，一把破扇子谁会来偷呢？这又不是什么古董。"既然找不到

了，梅兰芳也就算了。之后再唱《千金一笑》，用来被撕的扇子只是普通的白扇子了。

不曾想，过了几天，许伯明拿着一个卷来找梅兰芳，神秘地问："你猜这是什么东西？"见是一卷子，梅兰芳不假思索道："这是一卷古画吧。"许伯明道："对了，这古画在中国是找不出对儿的。"梅兰芳大为不解，问："真有这样稀奇的古物吗？究竟是谁画的？"许伯明道："这里面有三个人的作品，是红楼梦上的'晴雯'画的，'袭人'写的，还请'宝玉'题的款呢！你想世界上会有第二件吗？"一听这话，梅兰芳已明白了七分，抢过来打开一看，果然就是那把破扇子。不过，许伯明已经将扇子拆了，裱成了一个手卷。手卷上除了梅、姚、姜的笔迹外，还多了许多人题好的诗文。

原来那日演出结束，许伯明一声不响地将破扇子藏在怀里。他以为一把破扇子不会有人再要了，谁想梅兰芳却提出要带回去留念，他想和梅兰芳开个玩笑，故意"假惺惺"地说谁也不会"偷"这破扇子的。其实"偷"扇子的正是他自己。见梅兰芳笑弯了腰，他更是得意地说："你看我裱得多好，题的多满，再过多少年，不就是古董了吗？"

提起梅兰芳，人们自然会想到他和杨小楼的《霸王别姬》。这出戏不仅是"梅派"名剧，更是中国京剧舞台上一个永恒的传奇。它的诞生，可谓一波三折。

1918年三四月间，杨小楼和另一位旦角演员、后来和梅兰芳同时跻身四大名旦的尚小云合作创排了一出新戏《楚汉争》。非常巧的是，在《楚汉争》公演之前，梅兰芳的专职编剧齐如山已经编成《霸王别姬》，同样取材于霸王和虞姬的故事。当时，齐如山将角色都安排好了，由架子花脸兼武花脸演员李连仲饰演霸王，由梅兰芳饰演虞姬。但是，因为梅兰芳事务缠身，一直没有机会排演这出戏。然而当他们准备排演时，却惊见《楚汉争》已经抢先亮相了。

尚小云与杨小楼的《楚汉争》，取材于清逸居士（爱新觉罗·溥绪）编写的历史剧，全剧共分四本，从刘邦、项羽鸿沟讲和开始，到项羽乌

江自刎结束，两次演完。头本，他们于3月9日推出，二三四本，他们在4月6、7日分两天演出。

《楚汉争》的推出，打消了梅兰芳排演《霸王别姬》的念头。他担心的是，有故意与人相争之嫌。如果将尚小云与杨小楼的《楚汉争》与之后梅兰芳与杨小楼的《霸王别姬》做个比较的话，从《楚汉争》洋洋洒洒长达四本就可看出，这出戏的场子过多。而且，可能是因为杨小楼太精于武打，又太看中尚小云的武功了，所以，打戏也过多。同时，大段唱腔也显得整出戏不够紧凑。但是，它还是因题材的新颖而大受欢迎。

尽管《楚汉争》与之后的《霸王别姬》相比，总体上存在不少缺陷，但就尚小云和杨小楼个人的表演而论，还是值得称道的。比如，有人评价尚小云的表演："小云之饰虞姬，真能将当日维谷情态，刻画靡遗，以虞姬外秀内慧，善察人情，为君王起舞帐中之际，进退殊难自决，情丝牵累，早在美人慧眼之中，故饮剑自裁，以明其志。"在这之前，旦角演员无人能与梅兰芳一比高低。尚小云却凭借《楚汉争》，大有后来者居上的趋势，锋头直逼梅兰芳，名声几与梅兰芳持平。

但是，《楚汉争》所存在的缺陷，恰恰给了梅兰芳摆脱尚小云的追赶，又一跃而前的机会。三年后，1921年冬，梅兰芳决定重拾《霸王别姬》，一是因为事过境迁，早已不存在“与人抢戏”之虑。同时，他认为，霸王杨小楼的戏，存在着过场太多、唱腔前后重复等毛病。更重要的，他觉得尚小云在《楚汉争》里的虞姬完全是杨小楼的“霸王”的陪衬，是个典型的配角，唱腔少，念白也少，正如王瑶卿所说，是个“高等零碎儿”。从这个角度说，尚小云的《楚汉争》实际上是以霸王为主角的，而梅兰芳的《霸王别姬》却是以虞姬为主要刻画对象。

齐如山的原剧本是依据明代沈采所编的《千金记》传奇编写的。当梅兰芳决定重排后，齐如山在原作的基础上，参考了尚小云、杨小楼版的《楚汉争》剧本，重新做了修订。因为有《楚汉争》的前车之鉴，新编《霸王别姬》摒除了场子过多、打戏过多的毛病，同时将《楚汉争》侧重

霸王项羽转为以虞姬为主。

为了这部戏，梅兰芳无论是在唱腔、舞蹈、服装和舞台灯光设计等方面，都倾注了大量心血，费了很大工夫，其中的“虞姬剑舞”，后来不仅是《霸王别姬》的特色，也成为“梅派”艺术经典。因此，相比较而言，在艺术上，《霸王别姬》确实要胜于《楚汉争》，不仅仅是故事结构上，更表现在刻画人物性格细腻、舞蹈的壮美上。也可以说，《霸王别姬》是艺术竞争的结果。就梅兰芳个人而言，面对新一代旦角演员尚小云的“咄咄逼人”，他积极应对，不断创新，终于凭借这出戏再创辉煌，继续稳列旦角第一。

有人认为正因为有之前的《楚汉争》，所以梅兰芳才会选择杨小楼演霸王。其实，这也许只是原因之一。当时，梅、杨二人刚刚合作组织了一个班社“崇林社”。之所以取“崇林”二字，是因为他俩的姓都是木字旁，两“木”合而为“林”。虽然“崇林社”因杨小楼生病而只维持了短短一年多，但却成就了一部传世名剧《霸王别姬》。

表面上看，两人合作组建戏班，合作演出《霸王别姬》似乎只是出于艺术的需要，实际上，这次合作显示了梅兰芳超强的心理分析才能，以及面对青出于蓝而极可能胜于蓝时从容面对，并且积极竞争的大将气魄。

虽然此时旦角的地位逐日递升，大有取代生行成为舞台中心的意思，但是拥戴生行戏和生行演员的老观众仍然大有人在。当谭鑫培去世后，他们便将目光转向杨小楼，杨小楼也就成为新一代生行演员的领军人物。这时，梅兰芳作为旦行翘楚，也只有他能够与杨小楼并行。于是在戏曲舞台上，客观上便形成了“梅、杨并世”的局面。

与以往观众或只捧生行或只捧旦行的情形不同，随着观众审美情趣的悄然变化，他们已不满足于在舞台上或只看到生行头牌，或只看到旦行头牌，生、旦头牌同时亮相，将是他们更愿意看到的情景。

梅兰芳一直是个眼光高远的人，也是个心中永远装着观众的人。多年来，他虽然致力于自己的演艺，却从来不是个埋首书斋、不问世事的人，他很清楚他的戏无论如何变化和创新，最终将面对的是观众，并接受观众的裁量。不论个人偏好如何，只有观众认可的变化和创新，才能称得上是成功的。因而，他无论是排新戏，还是改良老戏，总是一边做，一边顾及到观众的承受能力。也正是时时处处考虑到观众，他的创新步伐总是缓慢的、循序渐进的，而绝不是一夜之间彻底改头换面的一步到位。如果当他发现观众并不接受他的某一变化，他将立即变回从前，重新选择新的突破。

在如此长期的实践中，他练就了体味观众需要、洞察观众心理的良好素质。当观众的审美心理发生变化时，他敏锐地察觉到了。“崇林社”的组建，正符合当时社会上“梅、杨并挂头牌”的观众心理，因此备受瞩目也就成为必然。

从此，既喜好生行戏也不排斥旦行戏的观众真正感受到了“梅、杨同台”的盛世局面，大呼过瘾的同时又似有不满足。梅兰芳知道那“不满足”其实是观众期待着能有一出真正展示两人各自风采，又有默契配合的大戏，这其实也是他自己的心愿。在这种情况下，《霸王别姬》诞生了。

从《楚汉争》到《霸王别姬》，也可以看出梅兰芳之所以始终稳居旦行首席，始终无法让后来的尚小云超越的原因。尚小云自幼习武生，武功底子确实强于梅兰芳。他被杨小楼看中，也是缘于此。在艺术实践中，扬自己所长，是应该的。但是，也许正因为如此，恐怕他过于在乎武功的展示，而忽略了其他。梅兰芳具有较强的创新意识，他的“创新”，从唱、舞、服饰、灯光等，体现在各个方面。最重要的，他更注重对人物情感的描摹。简言之，此时的尚小云对一出戏，还缺乏通盘、全面的考量；梅兰芳则更细致一些，一个很重要的表现，就是他非常顾及观众心理。

早先的《霸王别姬》是演到项羽乌江自刎为止的，那时，观众对虞姬自刎以后的霸王的一场打戏也还饶有兴趣，那毕竟是名武生杨小楼的拿手好戏。随着时间的推移，观众欣赏水平的提

高，观众更喜欢看演员如何刻画人物性格，如何表达人物思想感情，而对单纯的开打已渐失兴趣。于是，观众看到虞姬自刎后，便不再有兴趣往下看了，纷纷退场而去，随杨小楼在舞台上如何费力做戏了。这种冷遇使有“国剧宗师”称号的杨小楼很是尴尬，以颇为复杂的口吻对梅兰芳说：“这哪儿像是霸王别姬，倒有点儿像姬别霸王了。”

梅兰芳虽然对杨小楼的境遇颇为同情，但他对观众的反应也深表理解，他意识到：戏到该结束的地方就一定要结束，决不能拖泥带水、当断不断。他决定无论杨小楼如何心有不甘，也要尊重观众的选择，删掉最后一场打戏，全剧就只演到虞姬自刎为止。

除了和杨小楼演过《霸王别姬》，梅兰芳还和金少山、周瑞安、刘连荣配合过这出戏，而只有与杨小楼合作，他才真正感到过瘾，其他几位无论是在名望上，还是在表演上都稍逊杨小楼一筹。杨小楼也曾说：“我们俩唱惯了，抽冷子跟别人一唱，铆不上劲，也怪事，我们俩一块唱，我也不知道哪儿来的一股子劲。”所以有人说：“只有梅兰芳与杨小楼合演的别姬，才是真正的霸王别姬。”

《霸王别姬》之所以流传至今，其中原因不仅仅是有“伶界大王”之称的梅兰芳和有“国剧宗师”之称的杨小楼之间的强强联手的明星阵容，也不仅仅有“虞姬剑舞”舞出的凄美苍凉的悲剧气氛，更因为这出戏开创了戏剧性和歌舞性相结合的梅派剧目先河。梅兰芳从此摆脱了为歌舞而歌舞的单一模式，摸索出了一条新路。

十二 《凤还巢》“禁演”风波

从1923年到1928年，这段期间是梅兰芳集中排演新戏的第二个阶段。在这一阶段中，他将全部精力集中于古装新戏的创排，以及对传统剧目的整理加工。主要剧目有八部，分别是：《西施》、《洛神》、《廉锦枫》、四本《太真外传》、《俊袭人》、全本《宇宙锋》、《凤还巢》、《春灯谜》。其中，《太真外传》在1927年《顺天时报》举办的“五大名伶新剧评比”中，是他五部候选作品中得票最高的。《洛神》是他所有创编的古装戏中唯一在新中国成立后还演出的一出。这八出戏，几乎每出都有创新，或唱腔，或舞蹈，或装束，或伴奏。

《凤还巢》是出喜剧，也是梅兰芳一生中难

得演出的喜剧之一。然而，这出喜剧险些给梅兰芳本人带来悲剧。那就是一度流传很广的“禁演”风波。当时社会上一直有种传言，说《凤还巢》曾经被教育总长刘哲下令禁演，原因是《凤还巢》演出期间正是奉系军阀张作霖当大元帅的时期，“奉”与“凤”同音，“凤还巢”有让“奉”还巢，即退回关外的意思，所以被禁演。至于后来这出戏为何重见天日，又有新的传说，说是“在人民的支持下，终于恢复了演出”。

“禁演”之说又是从何而来呢？据当时的《北洋画报》报道，《凤还巢》初演时，北洋政府教育总长刘哲亲临戏院观看此剧。戏过一半，他突然问身边的教育部某司长：“这出新戏我们审查过否？”司长说：“尚未。”刘哲便说：“可调取原本来略加修正。”

在当时，新戏上演是要经过教育部审查的。于是，司长次日即命令“通俗教育会”给梅兰芳发去一函，要求将原剧本尽快送至“通俗教育会”审查。“通俗教育会”是教育部的一个分组织，司长兼该会会长。函发出十日，“通俗教育会”并未收到梅兰芳的回复，更不见剧本，便有些恼火，遂将原函全文刊登在报纸上。偏偏在这时，一位熟悉北京梨园界的日本人撰文指责教育会以审查为名，行取缔之实。教育部当然不服，当即反驳说“审查与取缔是两回事”。

一边说是“取缔”，一边说是“审查”，使得不明就里的人一头雾水。于是，“取缔”一说甚嚣尘上。传言总是越传越邪乎，传来传去便变成了“梅兰芳有意违抗教育部之命，教育部因而将取缔《凤还巢》，甚而取缔《思凡》、《琴挑》等梅剧”。

就在传言满天飞的时候，梅兰芳方才看到报纸上刊登的“函”，不由大惊失色。原来那公函被误投到了梅兰芳演出《凤还巢》的中和戏院，而他结束在此戏院的演出后，早已移师开明剧场。中和戏院偏又没把此公函当回事，谁也没有注意而任它孤零零地躺在角落。

拿着这迟到的公函，梅兰芳迅即回复“通俗教育会”，说明原因并表示道歉，同时派人将剧本送到了“通俗教育会”。仅仅三天后，“通俗教育会"就将审查过的《凤还巢》剧本交还给了梅兰芳，上面只对某几句台词作了小小的修正，其余均未加改动。一场风波也就此慢慢消融。

由此看来，所谓"禁演"，并非确有其事，很可能是以讹传讹。不过，也有人怀疑《北洋画报》关于此事的报道并非事实，他们认为该报的主持人是冯耿光的侄子冯武越，所以存在着偏袒之嫌，有意淡化"禁演"，从而为梅兰芳开脱。说到底，禁演，没有真凭实据。不过，梅兰芳的确经历了一场不大不小的风波。

梅兰芳无论是创编新戏，还是改编旧戏，每出戏里几乎都有一些新的改革尝试，但每次改革都是微小的。这样的行为表面上看是他的处处谨小慎微的性格使然，却恰是他的聪明所在。他无论是在出名前还是出名后，始终能认清自己的身份，能够认识到演员是靠观众生存的。他之所以每次进行的改革都是微小的，正是抱着尊重观众的态度，给观众一个认识、接受他的改革的过程。当他的改革得到观众认可，他就保留下来，若是遭到大多数人的反对，他就及时修正。因而，在他的一生中，从来没有在一出戏里，让观众突然看到一个全新的梅兰芳。这无数的“微小”累积起来，使梅兰芳逐渐“大”了起来。

除了那五部时装新戏和一部老戏服装的新戏外，梅兰芳在他的古装新戏里且歌且舞，将歌舞有机地结合起来，从而将“花衫”这一新的旦行表演方法发挥得淋漓尽致，特别是“舞”，可谓异彩纷呈:《嫦娥奔月》里的“花镰舞”、《天女散花》中的“长绸舞”、《麻姑献寿》中的“盘舞”、《上元夫人》中的“云帚舞”、《洛神》中的“独舞”和“群舞”、《红线盗盒》中的“拂尘舞”、《木兰从军》中的“单剑舞”、《霸王别姬》中的“双剑舞”、《西施》中的“羽舞”、《太真外传》中的“翠盘艳舞”等。同时，他又创造性地使用了“追光”、“二胡”、“布景”等手段，使得京剧舞台前所未有地绚烂夺目、美不胜收。

梅兰芳过人的才华、惊人的创造力在这个时期被充分激发了出来，这也是他演艺生涯的辉煌时期。当然，他的成功也离不开他对文化的追求。除了最早的《孽海波澜》外，其余的戏都由身边的一批文人智囊帮助完成，特别是齐如山、吴震修、李释戡、冯耿光等。他们不仅为他出谋划策，更重要的是引领他越来越靠向文化。在他们的影响下，梅兰芳的戏不再局限于传统的才子佳人、忠孝节义，他扮演的角色也突破了受苦的小姑娘、受难的小媳妇的框框，而将具有历史文化内容的人物如嫦娥、天女、西施、虞姬、宓妃、杨玉环作为戏的主人公。他在展示人物的外像时，更注意刻画人物的内心；在展示戏的本身时，更注意将戏和历史结合起来。因此，人们从他的表演中体味出中国传统文化的强烈气息。

这便是梅兰芳之所以成为梅兰芳的高明之处，也是“梅派艺术好学难精”的本质所在。

十三 拯救昆曲

因为昆曲具有中国戏曲的优良传统，其中的歌舞并重，就很值得京剧演员借鉴。梅兰芳创排的一系列新型京剧中，有很多都是古装歌舞剧，不能不说受到昆曲很深的影响。可以说，梅兰芳不仅是京剧大师，也是昆曲大师。他的舞台生涯就是从昆曲开始的。他10岁初登舞台时唱的就是昆曲《长生殿·鹊桥密誓》中的织女。不过，他虽然基本上遵循的是祖父梅巧玲的演艺道路，但略有不同。不同在于，梅巧玲是从昆曲入手，后学皮黄的青衣、花旦；而梅兰芳则相反，先学的是皮黄的青衣，再学昆曲的正旦、闺门旦、贴旦。

梅巧玲时代，艺人学艺多是从昆曲入手。梅

兰芳解释说，这是因为，一，昆曲的历史是悠远的，在皮黄没有创制以前，早就在北京城里流行了，观众看惯了它，一下子还变不过来；二，昆曲的身段、表情、曲调非常严格，这种基本技术的底子打好了，再学皮黄，就省事得多，因为皮黄里有许多玩意儿就是从昆曲里吸收过来的。所以，尽管梅兰芳的演艺生涯是从皮黄入手的，但他始终没有放弃学习昆曲。

梅巧玲的昆曲能戏很多，他任班主的“四喜班”就是以唱昆曲见长的。梅雨田是戏曲音乐家，能吹奏三百出昆曲。幼时的梅兰芳在学习皮黄的同时兼学昆曲，加上家庭熏陶，耳濡目染，使他小小年纪就能哼上几句，如《惊变》里的“天淡云闲……”，《游园》里的“袅晴丝……”等。

如果说，梅兰芳早年学习昆曲是为了提高演艺水平和修养的话，那么，在他逐渐成名后继续学习研究昆曲，除了想把它的身段尽量利用到京剧里面外，更是为了倡导中国传统民族艺术，挽救濒临灭亡的昆曲。

民国初年，昆曲日渐衰落，其中的原因是多方面的，除了受到南来的皮黄的冲击，也有它本身的缺陷，如，昆曲艺术保守僵化、脱离群众、词曲深奥、观众不易听懂等，因此逐渐失去了观众。当时，全国的昆曲班社大多解散，北京只有少数昆曲艺人搭班于京剧、梆子班以谋生计，“偶有于前轴或中轴，杂昆曲一折于其间者”，“然而笛声一起，听者纷纷离座如厕，遂相号昆曲曰‘车前子’，‘车前子’者，中药能利小便者也，是则谑而近虐矣。”

就在观众视昆曲为利小便的“车前子”的情况下，梅兰芳决心身体力行，积极倡导，以拯救昆曲。他之所以大力提倡并学习、上演昆曲，自有他的理由，他说他有几个动机：昆曲具有中国戏曲的优良传统，唱词典雅，文学性强，尤其是歌舞并重，可供吸取的地方的确很多；有许多前辈们对昆曲的衰落失传，认为是戏剧界的一种极大的损失，他们经常把昆曲的优点告诉他，希望他多演昆曲，把它提倡起来；昆曲复杂而优美的身段使梅兰芳认为昆曲有表演的价值。

所以，他提倡昆曲的用意，正如他在《舞台生活四十年》里所说，也是希望“能够引起本界同仁的兴趣，大家共同来研究如何运用它的好处。”

梅兰芳的主要成就在于勇于创新，但他在创新的同时也不忘继承，他始终能很好地把握继承与创新的关系。当他受京剧改良运动的影响，第二次从上海回京后，积极排演了一批针砭时政的时装新戏。同时，他也学习并排演了一批传统昆曲，可谓新旧并举，两只脚同时朝前迈步。

对此，他说：“恐怕有人会奇怪我同时走的两条路子有点矛盾，既然在创编古装新戏，为什么又要搬演旧的昆曲呢？这原因太简单了，凡是一个舞台上的演员，他的本身唯一的条件就是要看演技是否成熟。如果尽在服装、砌末、布景、灯光这几方面换新花样，不知道锻炼自己的演技，那么台上就算改得十分好看，也是编导者设计的成功，与演员有什么相干呢？艺术是没有新旧的区别的，我们要抛弃的是旧的糟粕部分，至于精华部分，不单是要保留下来，而且应该细细地分

析它的优点，更进一步把它推陈出新的加以发挥，这才是艺术进展的正规。”

于是，他在和陈德霖学习昆曲的同时，也拜李寿山、乔蕙兰、孟崇如、屠星之、谢昆泉、陈嘉梁等先生为师，采众家之长。

梅兰芳当时学习昆曲是很正规并且严格的，每天上午是他学习昆曲的时间，除了固定的教师，还有一些懂昆曲的朋友也常和他一起探讨研究。乔蕙兰每星期上门教授三四次，他教学极其认真，如果一出没有学会，或学得不够扎实，他往往是不允许学第二出的。

有一天，屠星之对梅兰芳说：“你对于昆曲这样热心提倡，肯下工夫研究，应该再到苏州去请一位教师来给你拍拍曲子，这对于字音方面是会有帮助的。”

梅兰芳想想也是，他想乔先生年纪偏大，总是麻烦他，也不合适，如果再找个人那就减轻乔先生的负担了。于是，他对屠星之说：“您要是有合适的人，给举荐一位。”

由屠星之的推荐，满口吴侬软语的谢昆泉从

苏州来到北京，住进了梅宅——芦草园东院的西厢房，东厢房住的是梅兰芳的国文老师。

在这些老师的言传身教下，梅兰芳在这个时期一口气学会了二十多出昆曲剧目，经常上演的占了十分之六七，主要有《白蛇传》的“水斗”、“断桥”；《孽海记》的“思凡”；《牡丹亭》的“闹学”、“游园”、“惊梦”；《风筝误》的“惊魂”、“前亲”、“逼婚”、“后亲”；《西厢记》的“佳期”、“拷红”；《玉簪记》的“琴挑”、“问病”、“偷诗”；《金雀记》的“觅花”、“庵会”、“乔醋”、“醉圆”；《狮吼记》的“梳妆”、“跪池”、“三怕”；《南柯梦》的“瑶台”；《渔家乐》的“藏舟”；《长生殿》的“鹊桥”、“密誓”；《铁冠图》的“刺虎”；还有《昭君出塞》、《奇双会》等。其余所学之所以没有上演，要么是因为场子太冷，要么是配角难寻。

1918年，上海中华书局出版的一本题为《梅兰芳》的书里对梅兰芳第一次集中学习并上演了一批昆曲的这段史实这样记载道：“都中昆曲衰败之极，都中诸名士谓欲振兴昆曲非梅郎不可，共劝其习之，梅郎乃延老供奉乔蕙兰教授。蕙兰今年六十余，德霖之师也。樊山初次会试，与之往还甚密。蕙兰为都中昆旦第一，至今在帘内度曲，尚娇脆若十五六女郎也。所授已二十余出，皆精熟，唯配角难求，所演出者仅出塞、风筝误、思凡、闹学、拷红等数出而已，其余尚未演也。”

梅兰芳在戏里扮演过三次丫环，一是二本《虹霓关》里的丫环，那是一个极富正义感的角色，另外两个丫环是昆曲《春香闹学》里的春香和《佳期拷红》里的红娘。春香是一个天真烂漫、娇憨顽皮的女孩；而红娘则沉稳、有主见又有胆识，且具有正义感，是一个勇于争取婚姻自由的典型人物。梅兰芳根据人物的不同性格，在表演上做了不同的处理。演《春香闹学》，既表现春香的天真活泼、笑骂哭打，又不流于油滑轻浮；演《佳期拷红》，既表现了红娘为促成崔莺莺和张生的一段好姻缘而做的努力，又不简单地将其看做说媒拉纤的媒婆，使人物形象丰满立体。

《佳期拷红》和《春香闹学》都是在北京吉祥戏院首演，时间分别是1915年9月25日和1916年1月2日。陪他唱“闹学”的是李寿峰，饰陈最良，李寿峰在“拷红”中饰崔母，张生和莺莺分别由姜妙香和姚玉芙扮演。

1915年11月14日，梅兰芳与陈德霖、姜妙香、李寿峰合作演出了《风筝误》，这是一出喜剧，由许多错综复杂的趣事组成，戏剧性很强，角色很多，参演的三个旦角、三个丑角，外加小生、老生，几乎各行演员都有，相当于“群戏”。它是李寿峰的拿手戏。梅兰芳就是跟他学的。

这段时期，梅兰芳如此集中地演出了一批昆曲，在社会上产生了极大的影响，不仅每次上座成绩都不错，也引起了舆论的关注。如顾君义主编的《又新日报》，邵飘萍、徐凌霄、王小隐办的《京报》等报刊常发表有关昆曲的消息和评论。昆曲逐渐又为人们所接受的情况下，北京大学、清华大学特地增设了昆曲课，特邀昆曲专家

去授课。昆京合璧的票房如“消夏社”、“饯秋社”、“延云社”、“温白社”、“言乐会”等相继成立。北京的一些戏班见昆曲重新受观众欢迎，便邀河北省高阳县“昆弋班”里的老艺人进京组班。1917年，活动于冀东一带、以郝振基为首的“昆弋同合班”进京；次年，活动于冀中一带的“昆弋荣庆社”进京。昆曲因此进入了一个活跃期，这不能不说与梅兰芳的大力提倡有着直接关系。

梅兰芳是在昆曲沦为“车前子”的悲惨境地情况下开始大规模学习、排演昆曲的，在当时不能不说是冒着很大的风险，然而，他凭着高超的技艺，和对昆曲的历史与艺术特点的精深研究，将观众拉回到昆曲戏院。他在学习时除了认真求教、虚心接受外，又根据自身的条件和时代的变迁，在实践中不断地加以革新和发展，做到“化他为我”，使每出戏都尽可能达到高度美的境界。

当时，虽说昆曲已经衰落到极点，但有个别几出剧目是例外，如《孽海记》里的“思凡”。

因为“思凡”这出戏曲文简练，没有一句废话，且通俗易懂，不像大多数昆曲曲文过雅，非要靠老师逐字逐句讲解才能明白意思。所以，梅兰芳一下子就被吸引住了，他便选择这出戏作为他学习昆曲的开始。

1915年到1916年，这期间，梅兰芳自说是他在业务上的一个最紧张的时期。这个时期，他之所以“最紧张”，除了开始致力于新戏的排演外，那就是，他大量学习、演出了昆曲。这是他集中学习昆曲的第一个时期。

十四　养花习画拜大师

梅兰芳爱花，尤爱牵牛花，梨园皆知。他从小就喜欢花，但直到22岁那年（1916年）才开始自己动手培植。从此，一年四季，乐此不疲。至于百花丛中，他为什么独爱牵牛花，他自己解释说：“因其时演剧，仅在日间，子夜即眠，拂晓而兴。此花以朝颜名，雅合清晨赏玩。”其实真正吸引他兴趣的不仅仅是牵牛花只在清晨开花而合清晨赏玩，更重要的是，牵牛花养得得法的话，会有无数种奇异别致的颜色。他最早在齐如山那里看到的牵牛花的颜色“简直跟老鼠身上的颜色一样”，感觉颇为新奇，一下子就喜欢上了它。

那天，他到齐如山家里想谈一些事。在齐宅院子里培植的许多奇花异草中，他发现牵牛花除了有与一般鲜花差不多的颜色外，还有两种颜色非常别致，居然是赭石色和灰色的，这不是跟老鼠身上的颜色一样吗？这种颜色的牵牛花，他这还是第一次见到，感到非常新奇，便问齐如山："为什么我常见的'勤娘子'，没有这么多种好看的颜色呢？"

齐如山说："这还不算多，养得得法的话，颜色还要多哪。你要是喜欢它的颜色，你也可以来养它。这不单是能够怡情养性，而且对你的身体也有好处的。"

一整天，梅兰芳满脑子都是牵牛花奇异的颜色。当晚，他就开始研究如何养牵牛花了。牵牛花俗名"勤娘子"，意思可能是只有勤快而不懒惰的人才能养得好它。梅兰芳自决心亲自养牵牛花后，每大一清早就得爬起来，因为牵牛花每大一清早就开花，然后就开始慢慢萎谢，起晚了，或许就看不到它盛开的模样，这时，他才体会到齐如山所说"对身体也有好处的"。

牵牛花是一种藤属植物，有点像爬山虎，所以，一般人都喜欢将它种在竹篱笆底下，或者用

根绳子从地上拉到房檐，让它顺着竹篱笆或绳子慢慢爬上去，但它自己不会往上爬，需要有人扶它上去，既麻烦，花开得也实在瘦小，颜色就更单调了。梅兰芳为养好牵牛花，特地买来好些如何养花一类的参考书，发现日本人最善养牵牛花，他们改牵藤为盆里培植，花朵因此可以养到如碗口那么大，颜色的种类也极多。按照书上介绍，梅兰芳拉上王琴侬、姜妙香、程砚秋、许伯明、李释戡和齐如山，共同研究如何养好牵牛花，研究好了，再将任务分派给大家回去试验。

梅兰芳养牵牛花和他演戏一样，喜欢往深处钻研，他不满足花被养活了、开花了。他之所以选择牵牛花来养，是因为这种花有奇异的颜色。为了让它开出的花有更多的颜色，他反复研究，首先搞清楚了这种花所以会有数不清的颜色，是因为人工用科学的方法将它的种子串种改造成功的，就是用两种极好的、本质不同的颜色配合，使它变成另一种奇异的图案和颜色。

于是，他做了各种试验，用不同的颜色相配，但开出的花的颜色有些并不如他所期望的那样。比如他用赭色和灰色相配，想使它变成一种平均混合的颜色，但结果总不尽如人意，不是偏赭就是偏灰，甚至还夹杂着其他的颜色。经过多次试验后，他发现这种花的颜色虽然需要有人工的雕琢，但人工雕琢并不意味着就能限制它天然的发展。他甚至发现，有些天然发展的颜色要比人工雕琢出来的更加艳丽。他有些不明白，再通过细致观察，反复试验，精心研究，终于发现那是蜂蝶在起作用。

从书本上的理论知识到具体的实践操作，梅兰芳逐渐掌握了养牵牛花的诀窍，对于播种、施肥、移植、修剪、串种这一套过程也十分熟练了，经他手改造的好种子也一天天多了起来，达到了三四十种。朋友们见他有如此成绩，纷纷上门讨教，身边的许多朋友陆续加入了养花队伍，各人在家努力改造新种子。谁家的花开得特别大，或谁家的花的颜色特别奇异，就邀请大家前去欣赏、把玩，和大家共同分享成功的快乐。

除了互相观摩，交换新种子外，他们这班花友还不定期地举行不公开的汇展，约定好一天，

花友们带上自己最得意的作品，到某人家供大家品评，再约来不养花的朋友，让他们评选。每盆花都不标明主人姓名，随便乱放，被邀请来的“评委”便毫无顾忌地大胆评选。有好几次，被公认为花中之首的都是梅兰芳的作品，这令他开心不已。他也自以为他养花养得得法，手段高明，成绩不坏的。

可是，当他几年后首次到日本访问后，才发现天外有天，山外有山。于是，他再也不满足自己的养花成绩了，便重新开始更深的钻研，终于又研制成功与日本一名贵种子“狻猊”不分伯仲的新种子“大轮狮子笑”。

如果说一般人养花只是闲情逸致的话，梅兰芳养花，很大程度上是为了将养花的心得应用到演戏中。他对颜色的敏感，便是源于他对戏服、化妆、扮相的不断摸索和创新。由于牵牛花颜色的多样是因为人工用科学的方法将它的种子串种改造成功的，因此，他在培育花的同时，也学会了颜色搭配。

从他的养花过程中，也可窥其性格。为了获

得理想中的颜色，他不断琢磨反复试验，犹如他创排新剧。他到天津俄国公园游玩时发现那儿有用五色草种组成西洋文字的图案，回北京后即效仿之。从用草组字，他想到用花组字；从组西洋文字，他想到组汉字；从组几个字，他想到组一句话，其中的标点符号，他颇有创意地用花蕾代之，用花芽代替括号。再进一步，他又想到用组成字的花坛变成商业广告，既美化环境，又宣传产品。这都体现出他善于扩而广之的创新精神，恰如他在京剧舞台上的不停变革。

那么，梅兰芳是从什么时候开始接触绘画的呢？这还要追溯到1914年他第二次赴沪演出时。有一天，《时报》主持人狄平子做东，在小花园的一家菜馆宴请梅兰芳和王凤卿，同时被邀请赴宴的是上海的几位旧学湛深、兼长书画的老先生，如朱古微、沈子培、吴昌硕……这天，大家兴致都很好，谈笑风生，沈子培将他新填的一首词念给朱古微听。然后，两人细细推敲品评。

这时，一位穿着华丽、戴金边眼镜的中年人嘴叼雪茄，正向画家吴昌硕讨“笔墨债”。他

说：“托你画的条幅，半年不交卷，还有一块图章，你也不动刀，那块田黄图章，我是花了大价钱买来的，不要给我搞丢了。”

吴昌硕听了有些不太高兴，他冷冷地回了一句：“你要不放心，明天派人来拿回去吧。”说完，他不再搭理仍在絮絮叨叨的那位中年人，回头对梅兰芳说：“畹华，你这次来，我要好好地给你画一张着色的红梅。”

话音刚落，那中年人插进来对梅兰芳说：“梅老板，你等着吧，明年再来唱戏，你或者可以拿到手了。”

好像为了和那中年人赌气似的，吴昌硕郑重其事地向梅兰芳保证说：“在你动身离开上海之前，我一定画好了给你送过去，你放心吧。”

梅兰芳自然连声道谢。

这次，吴昌硕果真没有失言。几天后，他托人将一幅笔酣墨饱的着色红梅图送到梅兰芳手里。这幅画上除了有吴昌硕的亲笔题词外，还有于佑任题诗一首，诗云：“辉映天人玉照堂，嫩寒春晓试新妆。皤皤国老多情甚，嚼墨犹矜肺腑

◎吴昌硕

香。”可以说，这幅画是梅兰芳接触绘画的开始。

客观地说，梅兰芳并不是一开始就想好学习绘画为了服务于戏剧，而只是将绘画当做业余爱好，以提高自己的文化素养而已。所以，他在初学画时，并没有想到要特地请一位绘画老师。他利用空余时间翻出祖父、父亲遗留下来的一些画稿、画谱加以临摹，但他因为既没有绘画基础，更没有理论知识，所以虽然临摹了不少画，但他自觉对用墨调色以及布局章法等，没有获得门径，只是随笔涂抹而已。就在这时，一天，罗瘿公来到梅宅，见梅兰芳正在书房临摹，便对他说："你对于画画的兴致这么高，何不请一位先生来指点指点。"

梅兰芳欣然接受罗瘿公的提议，便请他介绍一位老师。

王梦白便成为梅兰芳绘画的开蒙老师。他的画取法新罗山人，下笔生动，机趣百出，最有天籁。他应聘做梅兰芳的绘画老师后，教学极为认真，每周一、三、五三次准时、准点来到梅宅。他的教学方法很简单，但学生易懂易学，他往往当着学生的面先画一幅，一边画一边讲解下笔方法，哪些地方特别要注意，哪些地方需要腕力等，他都一一讲到，不放过任何一个细微处。画好后，他将画贴在墙上，再在书桌上重新铺上宣纸，让梅兰芳对临。当梅兰芳对临时，王梦白在一旁细心指导。他之所以要采用这种教学方法，是因为他认为："学画要留心揣摩别人作画，如何布局、下笔、用墨、调色，日子一长，对自己作画也会有帮助。"

作画如此，演戏又何尝不是如此呢。临摹只是一个方面，就像演员观摩别人演戏一样，临摹、观摩固然有助于自己技艺的提高，但它的根本目的在于通过临摹、观摩而学会如何观察生活，积累生活素材，从而进行艺术创造。王梦白不仅教会梅兰芳如何临摹，更教会他如何观察生活。

王梦白最喜欢画翎毛，所以在家里用大笼子养了许多种不同样子的小鸟，闲来无事时，他就会静静地观察鸟儿的一举一动，看它们悠闲时的模样，看它们受惊时的神态，看它们吃食时的动作。有时，他会从地上拣一块土块或小石子轻砸鸟笼，看鸟儿起飞、回翔、并翅、张翼的种种姿势。

画小鸟如此，画昆虫也是如此，每当要画昆虫时，王梦白总是事先活捉几只或螳螂、蟋蟀、蜜蜂，仔细观察后再动笔。有时，梅兰芳和王梦白等人去香山郊游，一般人只是游山玩水，而王梦白则不然。梅兰芳发现王先生无论对花草还是山水，抑或昆虫，无一不细细地看、深深地揣摩。

当然，观察生活的表象只是浅层次的，深层次的则需要将生活素材加以提炼、夸张、再创造，就像戏曲演员扮演孙悟空，光模仿猴子的生活习性还远远不够，模仿只是一个方面，关键是要表现出孙悟空的灵性，这就需要在做到形似的同时做到神似。明白了这个道理，梅兰芳在学画时就要求自己不能简单地依样画葫芦地生搬硬套。

王梦白之后，梅兰芳又先后拜陈师曾、金拱北、汪蔼士、陈半丁等名画家为师，又在齐如山的介绍下，拜了齐白石。

当时，齐白石在画界地位和吴昌硕相当，有“南吴北齐，可以媲美”之誉。据他自己说，他的画法除得力于徐青藤、石涛外，也得力于吴昌硕。所以，两人的笔法确有相似。

齐白石与齐如山是老相识，从齐如山的嘴里，他自然也就认识了梅兰芳，知道梅兰芳的戏如何好，如何受欢迎，但他因每日忙于绘画，加上凡有梅兰芳演出的戏票总不好买，所以也一直未能亲见梅兰芳。当他听说梅兰芳也在学画时，更想见见他了。学画者，无人不知齐白石，梅兰芳亦然，他不但想亲眼目睹齐白石作画，更想在绘画上得其指点。

好在两人之间有齐如山，见面也就不难了。

1920年9月初的一天，在齐如山的陪伴下，齐白石来到了北芦草园梅宅。事后，齐白石在回忆录里这样描绘他对梅兰芳的初次印象："兰芳性情温和，礼貌周到，可以说是恂恂儒雅。"两人寒暄过后，齐白石对梅兰芳说："听说你近来习画很用功，我看见你画的佛像，比以前进步了。"

梅兰芳画佛像是向画家陈师曾学习的。陈师曾是陈散原的儿子，诗、书、画都有很高的造诣，他尤擅画北京风俗画。梅兰芳不但向他学习画佛，还学习画仕女。齐白石的夸赞倒使梅兰芳有些不好意思，他忙说："我是笨人，虽然有许多

好老师，还是画不好。我喜欢您的草虫、游鱼、虾米，就像活的一样，但比活的更美，今天要请您画给我看，我要学您下笔的方法，我来替您磨墨。”

说着，梅兰芳就要动手磨墨，也不管齐白石愿意不愿意画给他看。看着他急急的样子，齐白石笑了，他故意像提条件似的打趣道：“我给你画草虫，你回头唱一段给我听，怎么样？”

“那现成。”梅兰芳不假思索道，“一会儿我的琴师来了，我准唱。”

齐白石坐在画案正面的座位上，梅兰芳坐在他的对面，果然亲自磨墨。墨磨好，他又找出画纸，仔细地铺在齐白石的面前。齐白石从笔筒里挑出两只画笔，蘸了些墨，凝神默想片刻后，便画了起来。笔下似有神助，须臾，“细致生动、仿佛蠕蠕地要爬出纸外的”小虫便跃然纸上。一旁观看的梅兰芳忍不住惊呼起来。齐白石画画的速度极快，下笔准确的程度也是惊人的。这些都让梅兰芳赞叹，而更让他惊奇的是齐白石惜墨如金，草虫鱼虾都画过了，笔洗里的水始终是清的。

这天，梅兰芳收获很大，他不但亲眼目睹了齐白石作画，还聆听了齐白石畅谈作画要诀。齐白石在为梅兰芳画每一幅时，都不停地将他的心得和窍门讲给梅兰芳听。画完后，他总结道：“画，贵在似与不似之间。太实了，就俗媚，不能传神。”

“这与演戏一样。”梅兰芳说，“演员塑造形象也要讲究传神。”

梅兰芳学画的目的并不是要当个画家，而是想从绘画中吸取一些对戏剧有帮助的养料。所以对他来说，能将学画的体会运用到演戏中，那要比他单纯地学会画某一样东西要收获得更多。

画画好后，琴师茹莱卿正好也来了，梅兰芳信守诺言，为齐白石唱了一曲。齐白石听了，觉得很动听，一直到回去后，悦耳之声还一直在耳畔回响，令他激动。激动之余，他挥毫作诗云：

飞尘十丈暗燕京，缀玉轩中气独清。

难得善才看作画，殷勤磨就墨三升。

西风飕飕袅荒烟，正是京华秋暮天。

今日相逢闻此曲，他年君是李龟年。

次日一早，齐白石就将这两首写在画纸上的诗寄给了梅兰芳，令梅兰芳感动不已。从此，两人建立了深厚的友谊，梅兰芳也尊称齐白石为“老师”。

时隔不久，艺界流传着一段梅兰芳尊师佳话。这个“师”指的就是齐白石。事情发生的地点目前也有几种说法，《舞台生活四十年》里说在“一处堂会上”，至于是哪处，可能是记忆之故，梅兰芳没有明说；齐白石说在“一个大官家”，至于是哪位大官，他也没有明说；还有一种说法是在艺界某人士家。由此看来，的确在一处堂会上。

当时，齐老先生先到一步，由于穿着朴素，实在不起眼，又与众多身着锦罗绸缎的达官贵人毫不相熟，便独自坐在角落，有些被冷落的孤独。正当他暗自后悔不该来时，门口传来欢呼声一片，原来是梅兰芳来了。笑容可掬的梅兰芳在众人的簇拥下缓步而入，却突然挤出包围急步来到齐白石的面前，恭恭敬敬地鞠躬并唤声："老师！"然后搀他起身，扶他在前排坐下。

梅兰芳的行为让众人诧异：难道还有比梅兰芳更显贵之人？梅兰芳怎么会如此谦恭地去招呼这样一位有些寒酸的老头子？他俩到底是什么关系？众多的疑问集聚在大家的心头，终于有好事者问梅兰芳："这人是谁？"梅兰芳大声且自豪地说："这是名画家齐白石先生，也是我的老师。"大家恍然，纷纷上前和齐白石打招呼。

齐白石此刻的心情真是无以言表，他万没有想到大名鼎鼎的梅兰芳在这样一个场合以这样一个方式为他"挽"回了一个大面子，自然感激万分。随后，他精心绘了一幅《雪中送炭图》，并配诗一首：

曾见先朝享太平，布衣蔬食动公卿。
而今沦落长安市，幸有梅郎识姓名。

梅兰芳收到画和诗，也很感慨，他以为学生敬师乃天经地义，却蒙齐白石如此感激，心中不安，也给齐白石回了一首诗：

师传画艺情谊深，学生怎能忘师恩。
世态炎凉虽如此，吾敬我师是本分。

从此，梅兰芳尊师爱师的美名在艺界流传开来。

后来，因为齐白石的关系，梅兰芳又拜了姚茫父。本来，齐白石拉着姚茫父到梅宅是要解决一桩“公案”的。姚茫父不曾想，自己也被梅兰芳“抓了差”，当上了他的又一个绘画老师。

这桩公案是什么呢？有一天，齐白石在梅宅看到梅兰芳精心培育了上百种牵牛花，惊羡不已，更让他不可思议的是，有些牵牛花竟如碗口那么大，这是他从未见到过的。作为画家，他立即为它所吸引，并决定将它列为新的绘画对象。经过仔细观察，待将牵牛花的形态、色泽一一牢记于心后，他作了一幅《牵牛花图》，并在图上题词道："百本牵牛花碗大，三年无梦到梅家。"

谁想，这幅画竟引来同行的责备，原因就是图上那朵牵牛花像碗口那么大，非常奇异。画家姚茫父首先向齐白石发出诘问："这牵牛花画得有点离奇，怎么会那么大呢？太夸张了吧？"

齐白石也不多辩解，拉着姚茫父去了梅宅，见到梅兰芳，便说："我们是来解决一段公案的。"梅兰芳不解。齐白石也不解释，只将满院的牵牛花指给姚茫父看。这下，姚茫父不得不相信了，天下真的有那么大的牵牛花。

这件事，齐白石特地作了记载。他在65岁时画的一幅牵牛花图上，题跋云："京华伶界梅兰芳，常种牵牛花百种，其花大者过于碗，曾求余写真藏之。姚华（茫父）见之以为怪，诽之。兰芳出活本，予观花大过于画本，姚华大惭，以为少所见也。"

解决了"公案"，姚茫父戏称自己又多了一些花卉知识。与此同时，梅兰芳又多了一个绘画老师。姚茫父与陈师曾共同教梅兰芳画佛，梅兰芳曾经画的一幅《达摩面壁图》，就是根据姚茫父摹金冬心的画本。在几位老师的精心指点下，他的佛画得越来越好。

1921年秋，梅兰芳的老友许伯明即将过生日。一连几天，他都为送什么礼物给许伯明而发愁。许伯明得知后，哈哈一笑道："不如你就为我画一张佛像吧。"

"好啊。"梅兰芳一听，觉得是个好主意。有什么礼物会比自己亲手制作的珍贵呢，可是，他还有些顾虑，不无担忧道，"可我的佛画得不太好。"

"没关系的，只要是你亲手画的，怎么样都成啊。"许伯明说。

一天下午，梅兰芳把家藏明代以画佛著名的丁南羽（云鹏）画的一幅罗汉翻了出来，细细端详、揣摩后，他铺开画纸，开始临摹。正画着，陈师曾、罗瘿公、姚茫父、金拱北、汪蔼士几位老师都来了。梅兰芳放下画笔，高兴地说："诸位来得正好，请来指点指点。"

说完，他重新拿起画笔，继续刚才画了一半的画。画好后，他揩了揩额头微微沁出的汗珠，向围在画桌前的老师们拱了拱手，有些不好意思道："画得不好，让老师们见笑了。"

"不错，不错。"大家一致夸赞道，"确实画得比以前进步多了。"

"不过，"金拱北插话道，"我可要挑一个眼。"

梅兰芳忙说："您请说。"

金拱北说："这张画上的罗汉，应该穿草鞋。"

这一说不禁使梅兰芳一时傻了眼，他看看已经画成的画，有些无奈地说："您说得对，但罗汉已经画成，无法修改，那可怎么办呢？"

金拱北说："那好办，我来替你补上草鞋。"

说完，他挥笔，在罗汉身后添了一根禅杖，草鞋就挂在那根禅杖上，另外还补了一束经卷。真是妙笔生花，这一添加，的确使这幅画生动了许多。大家都说补得好，梅兰芳更是惊叹不已。

金拱北又在画上写了几句跋语："畹华画佛，忘却草鞋，余为补之，并添经杖，免得方外诸君饶舌。"

大家正兴高采烈地议论着，“寿星”许伯明取画来了，看到梅兰芳已经完成了画，而且画上还有金拱北的题跋，着实兴奋。他把画拿走后，立即请人裱好，再请陈师曾、姚茫父、樊山老人在画上题咏。其中，陈师曾题曰：“挂却草鞋，游行自在。不听筝琶，但听松籁。朽者说偈，诸君莫怪。”姚茫父题了一首五言绝句：“芒鞋何处去，踏破只寻常。此心如此脚，本来两光光。”

1926年，梅兰芳又为友人“不患得失斋主”画了一幅佛像图，原为彩色。画刚画好，尚挂在梅宅，就被日本名画家晨亩看到了。晨亩极为赞赏，非要将此画带到日本，在中日美术联合展览会上展出。梅兰芳开始并未应允。可是晨亩不罢休，梅兰芳拗不过他，只得同意。展览会开幕时，在广为散发的宣传单上有这样的广告语：“中国徐大总统及梅兰芳等出品”，却无一提及其他画家之名。究其缘由，曾任中国北洋政府总统的徐世昌“徐大总统”，名气自不待言，而梅兰芳先后两次赴日演出，为日本民间所熟知，甚至“三尺儿童均知其名”。如此一来，其他参展画家难免有些愤愤不平。

和结交齐如山相仿，梅兰芳与画家冯缃碧也是因戏而识。某年，冯缃碧在上海观看梅兰芳的《霸王别姬》。有一场戏是梅兰芳饰演的虞姬掀开帘幕，唱倒板："可怜无定河边骨，犹是春闺梦里人。"婉转悲凉。起初冯缃碧觉得这词用在这里恰到好处，但细想之下，却发现这其实是唐朝某诗人的诗句。于是，他当即写了一便条："楚汉时不可能有此唐人诗！"然后署上名后托人递到后台。

演出结束后，梅兰芳托人来请冯缃碧到后台一叙。冯缃碧愕然，他想自己不过一时兴起，没料到梅兰芳却认了真。两人在后台相见，这时梅兰芳已卸完妆，他紧紧握住冯缃碧的手，连声道谢道："我在京津上演此戏不下数十场，从无一人指出此错，以至一错再错，若非先生一言，则将不知错到何时矣。"当晚，他欣然与冯缃碧一起吃夜宵，席间畅谈戏剧绘画，又力邀冯缃碧教他作画。

无论是学画仕女，还是学画佛像，梅兰芳总

是要将学画心得运用到戏里，特别是临摹了大量古画后，他说他“注意到各种图画当中，有许多形象可以运用到戏剧里面去”。经过一段时间的摸索，他逐步由理想走向了实践，如《嫦娥奔月》、《黛玉葬花》里的服装和扮相，多少就受了古画的影响，到1917年排演《天女散花》时，更是由一幅画带来的灵感。

十五　两次赴日本演出

从梅兰芳自身而言，文化素养的提高早已使他的眼光放得更远，而不再只局限于“走红”、“成名角儿”，他的理想也从做一个好演员、开拓京剧剧目、丰富京剧舞台而扩展为做一个文化使者、提升中国戏曲演员的地位、让中国京剧成为世界戏剧之一种，也将世界戏剧精华注入中国京剧。

于是，梅兰芳率先将中国京剧和他的“梅戏”带到了世界人民的面前。他先后到过香港和日本、美国、苏联演出。从此，世界为之震惊，震惊于中国原来不是他们所认为的小脚、长辫、马褂外，居然还有如此新颖别致的文化；震惊于中国原来不是抽鸦片的猥琐小市民外，居然还有

如此高贵大气的艺术家。

梅兰芳最先访问的国家是日本，那是在1919年年初。出面邀请他的是日本著名文学家龙居濑三，他对中国文化有很深的研究，在三番四次观看梅兰芳的戏后，对中国戏剧产生了极大的兴趣，他以为：“如果梅到日本来出演一次，则日本之美人都成灰土了。”他一方面极力说服梅兰芳，一方面联系日本东京帝国剧场老板、大财阀大仓喜八郎。大仓喜八郎为此特地到中国来，亲自观摩了梅戏，对龙居濑三的主张极为赞同。

就梅兰芳一贯谨慎不盲从的个性来说，他对此思虑再三。后来，在齐如山的劝说下，他认识到日本与中国相邻，日本受中国传统文化的影响很深，中国古典戏剧可能更易被日本人所接受，同时，他也想趁此机会研究一下日本的歌舞伎和谣曲。所以，他就答应了。

4月，梅兰芳率团离京，从而成为民国后第一个将中国京剧带出国门的京剧演员。当他们一行抵达东京时，受到了热烈欢迎。除了组织的欢迎人群外，还有许多人慕名自发前来，想一睹名伶风采。而各社摄影记者更是蜂拥而至，为了抢一两个镜头，彼此挤得像在打架，以至于梅兰芳一度寸步难行。日本海关的例行检查也给予了特别优待，许多行李都免检，梅兰芳和夫人被安排住进帝国饭店，其他人住在帝国饭店所属的旧内务大臣官邸。

5月1日，梅兰芳正式在日本的帝国剧场亮相。

有中国京剧参演的这段时期，东京帝国剧场的票价十分昂贵：特等十元、头等七元、二等五元、三等二元、四等一元，而这段时期，日本歌舞伎座的特等票价不过四元八角。尽管如此，剧场仍然天天满座。东京的《东京日日新闻》、《都新闻》、《万朝报》、《国民新闻》、《读卖新闻》、《东京朝日新闻》等报刊纷纷报道演出盛况并发表剧评。

东京演出取得成功后，梅兰芳又接受《大阪日报》社和《关西日报》社的邀请，离开东京赴大阪演了两天，剧目分别是《思凡》和《御碑亭》。随后，他接到以马聘三和王敬祥为代表的中国旅日商人的邀请，赴神户为华侨兴办的中华戏校募捐义演了几场，所得全部捐给了中华戏校，受到华侨们的交口盛赞。这次义演开创了中国演员在国外义演的先河。

此次梅兰芳在日本演出期间，无论是在东京，还是在大阪和神户，无不受到日本观众的狂热欢迎，有人统计说至少有数十万日本人为之疯狂，除戏院场场爆满外，票价在黑市上连连“翻跟头”，达数倍或数十倍。据说，日本的皇后和公主特意定下第一号包厢，每次看过梅兰芳的演出，她们都会因台上梅兰芳的扮相而自惭形秽。他那悠扬悦耳的唱腔，袅娜多姿的舞态，庄雅恬静的台风，深深地感染了日本观众，一时间，许多日本演员竞相模仿他的扮相、手势、眼神和舞蹈动作。日本著名的歌舞伎演员中村雀右卫门曾在浅草的“吾妻座”模仿梅兰芳上演过日文版《天女散花》。北京的报刊报道说：“名优竞效其舞态，谓之梅舞。”

梅兰芳将中国京剧介绍给日本观众以外，也不失时机地进行采风。他观看了日本歌舞伎表演，发现歌舞伎表演和中国古典戏剧，尤其是和京剧有很多共同之处，包括取材、艺术加工及表演的手法。这使他感到亲切和欣喜，也使他得以从歌舞伎表演反观中国戏剧，提高了他对中国戏剧的认识。

在日本除了看日本戏外，梅兰芳还很喜欢看日本的绘画、纺织和其他美术品，对“亭榭无多、疏落有致、垒石引水，都适得其妙”的日本园林，也颇感兴趣。因为他此时已开始学习绘画，所以尤其喜欢观察盆景，在他眼里，每一盆景都是一幅山水画。从这一切，梅兰芳悟出日本古典戏剧和中国古典戏剧之所以存在着共同点的原因，那就是千年以来，两国之间始终有着千丝万缕的联系，“彼此声气相同，呼吸相通”。这恐怕也是中国京剧在日本大受欢迎的主要原因吧。

虽然梅兰芳是以艺术家的身份出访日本的，但在他先后三次赴日演出中，都不同程度地牵扯上了政治。他第一次在日本演出期间，恰遇国内爆发“五四”运动。闻此消息，梅兰芳异常振奋，尽管他并不热衷政治，但并非没有爱国之心。因而当他收到国内学生寄来的信，表示此时此刻留在日本为日本人演出不合时宜而劝他立即回国，也深以为是。

可是他有约在身，如果就此毁约离去，对他的艺术、对日本普通市民观众都似乎不妥，于是他决定缩短演出日程，并派人向剧场交涉，提出5月7日“国耻纪念日”这天停演一天，以此表明他鲜明的爱国主义立场。剧场负责人苦苦哀求说戏票早已售出，停演的后果将不堪设想。在梅兰芳的坚持下，他们同意拆除剧场悬挂的写有“日支亲善”字样的招牌。

在这样的历史背景下，梅兰芳的演出客观上也在“宣扬祖国文化和改善民族形象方面或多或少地都起了一点作用”。

与第一次去日本纯粹是商业演出不同，梅兰芳在第二次去日本前一年，即1923年，日本刚刚经历了地震、大火和海啸，死亡二十余万人，损失达十亿美元。世界各地闻讯纷纷捐款捐物，梅兰芳发起、组织了数场义演，将筹措的演出费用全都捐给了日本红十字会。不久，美国开始全面排日，日本新首相加藤友三郎在对华问题上采取了和缓政策，中日民间往来经历了“五四”之后的萧条重新兴旺起来。

于是，大仓喜八郎一为感激梅兰芳对日本的义举，又为庆贺自己88岁寿辰，还为帝国剧场重新修复，再次邀请梅兰芳赴日演出。也因为这些原因，梅兰芳的这次赴日演出，规格比第一次高了很多。

在最初的四天庆寿堂会演出时，虽然并不对外售票，但却引起了广大市民的关注，原因是警方戒备过于森严，竟派出了八十多名警察。《东京朝日新闻》发表了一篇文章，对此颇有微词。警视厅警务部长川渊随即在该报发表谈话，做了一番解释，说警方因接到首相以及各部大臣、各国大使、公使都要与会的通知后，才决定加强警戒的。

这一切虽然和梅兰芳本人无关，但从当时出席堂会的既有高官要员，又有东京横滨一带的一千余位知名人士来看，也可窥见这次盛会的规格和规模了，更可看出梅兰芳此时在日本人心目中的地位。

紧接着，梅兰芳为庆贺帝国剧场重新修复，在帝国剧场演出了十几天。从公开演出的第一天起，东京各大报纸几乎每天都有关于梅兰芳演剧的评论。因为中日演员同台演出，无形之中便有比赛的意味。梅兰芳高超的演技使日本演员相形见绌，报刊评论在盛赞梅兰芳的同时，对本国演员不免讽刺挖苦，使他们受尽了委屈。之后，梅兰芳一行又转战大阪梅田、奈良、京都，也无不大受欢迎。

总结梅兰芳此次赴日演出，有这样几个特点：一，因为有大仓喜八郎庆寿堂会和帝国剧场改建纪念演出这样的喜事，所以梅兰芳首场演了喜庆剧《麻姑献寿》；二，鉴于对上次演出的评论，在制定计划时，梅兰芳接受了他人的意见，特别装置了专门演京剧的舞台，选择的剧目极具京剧味道，演出时完全不用布景；三，尽可能选择能体现梅兰芳戏路子宽的戏，发挥他青衣、花旦、刀马旦等各个行当的长处；四，按照北京演出的形式，每天都换戏。

如果说此次赴日留给梅兰芳印象最深的是什么，恐怕不是他演出受追捧，而是因为一场大病与日本友人结下的深厚情谊。

有一天，日本朋友请吃“鸡素烧”。梅兰芳因为白天工作繁忙而没有顾得上吃饭，过于饥饿之下，不免多吃了几片牛肉。当晚，他就感到胃部不适，但他次日仍坚持赶往京都公会礼堂。戏散后，他回到京都都会饭店休息。半夜，他被严重的胃痉挛痛醒，急按铃叫饭店服务员为他请医生。服务员见梅兰芳病势凶猛，便叫来梅兰芳的日本朋友、市议员久保田。梅兰芳在日本期间，久保田一直伴随左右。久保田闻讯赶到梅兰芳的房间时，见梅兰芳已处半昏迷状态，不禁吓出一身冷汗，急请京都名医今井泰藏先生。

今井还未赶到饭店，梅兰芳已经昏迷。经今井诊断，是前一天吃坏了肚子。日本“鸡素烧”的吃法是将牛肉、鸡肉、粉条等放在油锅里现炸了吃，日本人吃惯了生鱼片，又爱吃嫩的牛肉、鸡肉，所以也不炸透，而是半生不熟时就端给客人吃。梅兰芳当时因为饿，也管不了那许多，只管吃饱肚子。吃了大量的油炸肉食，回去后又喝了大量的茶水，造成消化不良，得了胃肠炎，又没有及时休息治疗，加之劳累过度，终致病情加重。这场急病让梅兰芳不得不延迟返国。

在今井昼夜不停地细心治疗与护理下，十几天以后，梅兰芳得以康复，两人由此结下了深厚的友谊。今井不仅拒绝接收梅兰芳付的医疗护理费，还邀请梅兰芳到他家做客。为表示对今井的感激之情，当梅兰芳听今井在闲谈时提到“中国用翡翠做衬衫的扣子很美观”后，立即说以后一定送他一副。可是，他没有料到，这个承诺，在他于1956年第三次到日本前，一直没有机会实现。

那次到日本，梅兰芳没有忘记一件事，那就是关于“一副翡翠扣子”的承诺。可是，今井终于没能见到这副迟到的扣子，他早在1943年抗日战争时就因病去世了。梅兰芳感到万分遗憾，他在今井家今井的遗像前三鞠躬后，将那副扣子献在遗像前，好歹算是了却了一桩心愿。从这副不起眼的小小的扣子，可以看到梅兰芳的卓越品质，难怪日本人将他誉为“品德高尚的蔼然仁者”。

梅兰芳的这两次访日，不仅在东京等几个城市演出了二十一场戏，还拍了三部电影，又应邀录制了五张唱片，包括《红线盗盒》、《御碑亭》、《天女散花》、《廉锦枫》、《贵妃醉酒》，以及《六月雪》的唱段。这些唱片后来都曾在日本出售。

之后，梅兰芳的名字在日本已经家喻户晓，日本人一改过去用日语的念法拼音称呼中国人的名字（如称李鸿章Li Hongzhang为Li Gonchin），而用北京音称他为Mei Lanfang，这在日本是非常罕见的。他带去日本的剧目更是影响了日本剧坛。以后，日本剧坛曾多次移植、改编中国京剧上演，如1925年2月，宝冢少女歌剧团在宝冢歌剧院演出《贵妃醉酒》，由酷似梅兰芳的秋田露子饰主角杨贵妃，其他剧目如《天女散花》、《思凡》等也先后由日本演员演出过。

十六　第一次拍电影

1905年，北京，位于琉璃厂附近的丰泰照相馆。

中国电影史上的多个“第一”在此创立：《定军山》是中国第一部自制电影。演出《定军山》的京剧大师谭鑫培是第一位电影演员。拍摄《定军山》的丰泰照相馆是中国第一家“电影制片厂”。当《定军山》在北京大栅栏的大亨轩茶园隆重上映后，这里是第一家放映中国电影的“电影院”。

在“丰泰”的带动下，京城的电影制片厂逐渐多了起来。因为当时还没有专门的电影演员，所以，京剧演员便成为首批电影演员。许多京剧演员在演戏之余也加入了电影这一行，这其中便有梅兰芳。因此，百年中国电影的发展与戏曲，特别是传统中国京剧密切关联。有人因此将早期电影称为“戏人电影”。

梅兰芳自小就是戏迷，不过那时，他看戏除了娱乐外，更是为了提高自身技艺。自电影进入中国后，他也和许多中国人一样迷上了电影，成了影迷。与看戏不同的是，看电影更多的是满足好奇心。待好奇心逐渐过去，中国的自制电影也越来越多时，梅兰芳在京城已经有了点名气，他也就不能随心所欲地时常光顾电影院。因为有好几次，有观众发现了他，立即就召来众人将他团团围住，非要将他的台下真面目看个仔细不可。上影院因此而让他感到十分害怕，再也不敢去了，但又按捺不住对电影的强烈向往。于是，他只有在或风雪交加，或大雨倾盆的恶劣天气下悄悄去一趟影院，他知道在这样的天气情况下，去看电影的人必定比往日少得多。

梅兰芳想拍电影的动机起初很单纯，只想能看到自己的表演。他和大多数京剧演员一样，自小走上舞台，演了一出又一出的戏，可永远只是

演给别人看，而在表演中的神情、动作，自己始终看不见，至于在表演中的优缺点，就更无从知晓了。为此，杨小楼曾有一番感慨：“都说我的戏演得如何如何的好，可惜我自己看不见。”梅兰芳深以为是。而电影，作为一面特殊的镜子，能够照见自己活动的全貌。于是，他对拍电影有了兴趣和向往。

在《定军山》之后十五年，即1920年，梅兰芳于第四次赴沪演出期间，应商务印书馆协理李拔可的邀请，拍摄了他有生以来的第一部电影，从此与电影相携终身。对于“商务”来说，也是第一次，因为在这之前，他们从来没有拍过戏曲电影，自然也是茫然一片。此时，中国电影界尚无“导演”之说。既然拍摄梅兰芳的戏，梅兰芳对自己所有的剧目和表演模式又了如指掌，于是，他便实际上成了导演。

初登银幕的梅兰芳此时拍电影的目的只是想在“镜子”里看到自己的表演。于是，他选择了情节热闹、场子较多、身段表情都很丰富的《春香闹学》和《天女散花》两出戏，作为拍摄的剧目。这两出无需太多念白和唱腔，而注重舞蹈表演的戏，与当时默片时代的电影是很相适应的。

《春香闹学》的拍摄地点在位于宝山路的商务印书馆印刷所附设照相部的大玻璃棚内，内景的布景基本沿用了舞台上书房的布景，演员的服装、化妆也和舞台上一样，但道具如书桌、椅子等均系红木实物。由于是无声片，唱词经删减后以字幕的形式插在片中。为了弥补因唱词和念白被删减后对整场戏情节的影响，梅兰芳刻意加大了身段和表情，增加了在舞台上不曾有过的“草地上扑蝴蝶”、“拍纸球”、“打秋千”等几场戏，突出了春香的活泼好动、机灵可爱。

成片后的《春香闹学》，在外景的选取上有很明显的问题：花园内的大片草坪和书房的门过于高大，都与剧场不相符合。更让人发笑的是，摄影师将花园围墙外的洋房也摄入了镜头，而且洋房的窗户里还有人探出头来观看拍片，难怪当时有人开玩笑地将此场景称做“古今中外荟萃的奇景”。

首次拍电影的梅兰芳不改其在舞台上不断创

新的品质，对戏曲与电影如何巧妙结合做了很有价值的尝试。在拍摄《天女散花》时，他吸取了《春香闹学》时大量用全景和远景，而甚少用近景的呆板拍摄手法，大胆运用特写和叠印。正如他自己所说，这在当时已经算是特技了。

梅兰芳直到第二年的冬天，才在北京真光电影院先后看到了这两部片子。两部片子都不是单独放映，而是搭配了其他片子同时放映的。在这之前几个月，他分别接到上海两位朋友的信，一位说在9月25日在上海海宁路新爱伦电影院看到与商务印书馆的另一部片子《两难》同时放映的《春香闹学》；另一位说在11月中旬于上海西门方板桥共和电影院看到与《柴房》同时放映的《天女散花》。

时隔不久，梅兰芳从李拔可那里了解到，这两部片子不仅已在上海、北京和其他一些大中城市放映，很受观众赞誉，而且发行到了海外，在南洋一带颇受侨胞的欢迎。

对于初次涉猎影坛的这两部片子，梅兰芳总结说：“虽然这两部片子在电影摄制的技术方面仍是启蒙时期，更谈不到古典戏曲的表演艺术如何与电影艺术相结合，但在拍摄戏曲片方面，继《定军山》之后，还是做了一些新的探索的。”只可惜，梅兰芳最早拍摄的这两部片子在1932年“一·二八”事件中，因商务印书馆印刷所被日军飞机轰炸，而随其他库存影片被熊熊大火烧毁，消失殆尽。

虽然拍了两部电影，但梅兰芳对电影拍摄方式以及电影表演与舞台表演的区别其实并未完全了解，以至于在以后的又一次电影拍摄时，与摄影师发生了争执。

那是在1923年的春天，他应美国一家电影公司的邀请，拍摄《上元夫人》里的一段“拂尘舞”。按照他的理解，摄影机开动，他面对摄影机就如在舞台上表演一样，一气呵成。然而，刚拍了一会儿，摄影机就停了，他也不得不停下动作，很好奇地问：“这段没有完，怎么停了？”美国摄影师说：“拍电影的规矩就是这样的。”接着再拍，可他刚舞了几下，摄影机又停了。他有些不高兴了。他认为中国戏的规矩是连绵不断，头

尾贯串到底的。在他看来，如此一次次被打断，演员的情绪难免受影响，必然影响一段舞蹈的完整衔接。

在摄影师的解释下，他这才明白，戏曲电影并非只是将舞台表演简单地机械地搬上银幕，它需要符合电影摄制规律。误会解除了，拍摄继续下去。梅兰芳按照摄影师的要求，拍了停，停了拍，有时一个身段没有做完就停了，第二个身段当然衔接不上，这样又需要重拍。就这样断断续续地拍了无数遍。对此，梅兰芳只有一个感觉：比唱一出完整的戏还要累。不过，他也因此对拍电影有了更进一步的经验。

第二年秋天，民新影片公司委托华北电影公司的负责人找到梅兰芳，请他拍摄几个新戏的片段，梅兰芳答应了。于是，他接连拍摄了《西施》里的“羽舞”、《霸王别姬》里的“剑舞”、《上元夫人》的“拂尘舞”、《木兰从军》里的“走边”（“走边”是舞台术语，即“行路”的意思）和《黛玉葬花》。拍摄地点在真光电影院。在屋顶上搭一个摄影棚，用的背景大部分是梅兰芳在舞台上用的布景片子，由民新影片公司的黎民伟、梁林光担任摄影，仍然没有正式的导演。

对这次集中拍片，梅兰芳总结说，虽然比第一次拍摄的《春香闹学》和《天女散花》要好一些，但由于器材和技术条件的限制，还谈不到成功或失败。对于他个人而言，又多了分拍电影的经验。

两年以后，梅兰芳在新出版的《民新特刊》第一期《玉洁冰清》专号上看到香港民新影片公司的电影出品目录，其中有这样一段文字："梅兰芳之《木兰从军》、《天女散花》、《虞姬舞剑》、《上元夫人》、《西施歌舞》及《黛玉葬花》等剧两本。"从中可以发现，他的这些电影片段都曾在香港发行过。令他感到不解的是，为什么他们会有《天女散花》的发行权。无论如何，《天女散花》也可能在香港放映过。所以，他也不想深究了。

连续拍了五部戏后，不久，梅兰芳又赴日本演出。日本"宝冢"电影公司邀请他将《廉锦枫》中的“刺蚌”拍成电影，他欣然接受。当时，日本电影公司的设备和技术条件，虽然也不是顶尖的，但在灯光、镜头的处理上，比国内的电影公司要先进一些。不过，由于导演、摄影师都是日本人，在拍摄时，双方存在语言上的障碍，拍摄得很辛苦。

后来，梅兰芳还拍摄过有声电影、彩色电影、全景电影，与美国、前苏联的电影艺术家都有过合作。因此，说他也是一位杰出的电影艺术家也不为过。

十七　到香港演出

梅兰芳在和杨小楼合作《霸王别姬》后，两人合组的“崇林社”因为杨小楼身体原因而不得不解体。“崇林社”解体后，梅兰芳随即成立了“承华社”。这是他第一次亲任戏班老板。“承华社”成立后的头等大事，就是应香港太平戏院的邀请，远赴香港进行为期一个月的演出。

1922年10月15日，“承华社”一百四十余人分别从天津、上海乘船前往香港。其中主要演员有老生郭仲衡、武生沈华轩、武旦朱桂芳、小生姜妙香，以及姚玉芙、诸如香、李寿山、张春彦、小荷华、福小田、贾多才和曹二庚等人。沈华轩是旗人，原是梆子戏演员，因昆曲底子厚，改唱京戏，曾走红于上海。梅兰芳特地请沈华轩

同行，是因为让他顶替杨小楼，和他合作《霸王别姬》。梅兰芳的琴师茹莱卿也因病未能同行，改由梅兰芳的姨父徐兰沅为之操琴。

梅兰芳到香港演出的消息早就传遍了香港的各个角落，消息灵通人士甚至知道梅兰芳所乘的邮轮号，因此早早地等候在九龙码头。消息一传十，十传百，过不多久，九龙码头已是人头攒动。

当梅兰芳乘坐的“南京号”邮轮于早晨八时缓缓驶入九龙码头时，周围许多小轮划艇竞相围拢过来，小轮、划艇上的人全都踮着脚尖，伸长脖颈朝“南京号”探头，争睹梅之风采。开着小轮、划艇前来欢迎的有百余人。这种欢迎方式别具一格，令梅兰芳既感新鲜，又深受感动。“南京号”停稳后，岸上围观的市民也骚动起来，人流不由自主地朝前滚动，拥向“南京号”。港九之间的轮渡交通因此而被阻，暂停轮渡达四个小时之久。

接到香港太平戏院的演出邀请，梅兰芳很是兴奋，他几乎没有犹豫，就给了太平戏院一个满意的答复。他之所以如此爽快，首先考虑到的是“想把自己的艺术介绍给港粤同胞，同时检验一下北方古老的传统剧种是否也能得到南方观众的认可”。不论港粤观众对“北方古老的传统剧种”是否有好感，他们如此狂热地聚集在码头欢迎“北方古老的传统剧种”的代表人物，就已经令梅兰芳激动不已了。

梅兰芳到香港后，偕妻福芝芳初住于友人邓昆山家。与几番赴沪演出一样，他在香港也受到当地社会名流的热情接待，收到三四十人的赠诗。到港当晚，何棣生在金陵酒店设宴为之洗尘。由邓昆山介绍，他于到港次日，“往谒华人代表周寿臣、伍汉墀两君，旋赴华商总会答拜。四点赴何君甘棠住宅茶会，七点赴陶园简琴石君宴会。是日有广州各团体派来代表梁培基君等到寓相晤，佥称现由全省学界、教育界、报界、美术家、技术家、东西洋留学生发起拟开会欢迎。”两天工夫，“各界过访招饮者，络绎不绝，令人应接不暇。”

早在梅兰芳赴港之前，香港总督司徒拔爵士

就曾接到过与梅兰芳素有交往的英国驻华公使艾斯顿的一封信。艾斯顿在信中特别就梅兰芳赴港演出一事关照总督对梅兰芳要多加照拂，理由是梅兰芳“平时对于促进中英两国之间的友谊多有尽力”。司徒拔接信后，不敢怠慢，立即下命令给警察署。警察署在梅兰芳抵港后，便特地为其配备了五名警官，不分昼夜，日夜保护，甚至连梅兰芳出入上下车，都由他们为其开关车门。正式演出时，他们不仅陪梅兰芳出入戏院，连梅兰芳在后台化妆，他们都高度警惕地守候在化妆室门口，随时注意一切来往之人。

歹徒无法近身，就写恐吓信。当梅兰芳收到一封索诈五万英镑的恐吓信后，警察署除派人侦查此案外，更对梅兰芳加强了保护。为防止负责保护的警察工作懈怠，他们通知梅兰芳说：“如所派警员有所疏惰，一接电话，即可调换。”与此同时，警方出于安全考虑，为出入剧场的工作人员配制了两种通行卡，“演员为绿色，其余办事人员为红色”，都用梅兰芳的相片作为标记，以便稽查。警方的安全保卫工作可谓细致周到。

为感谢香港警方竭诚尽力地保护，梅兰芳于10月17日特地拜会了总督司徒拔。二人的会见轻松而愉快。司徒拔除对梅兰芳的到港极表欢迎外，毫不掩饰自己能有机会欣赏到梅兰芳的艺术的喜悦之情。会谈中，他建议梅兰芳两年后在英国举办博览会时能赴英国一游，到那时，他可以借回国述职之机，亲自为之导游。梅兰芳笑着表示，若有可能届时一定前往。司徒拔有着西方人特有的幽默，他颇有些神秘地对梅兰芳说他自小也喜好演剧，且偏好饰女角，“和梅先生堪称同行”，此说，惹得梅兰芳和在座的一起哄堂大笑。

后来，司徒拔曾亲赴戏院，观看了梅兰芳的《天女散花》和《嫦娥奔月》。11月8日，梅兰芳首演《天女散花》，司徒拔前去观赏，将一个大银鼎赠送给梅兰芳，银鼎“雕镂极为精工。鼎镌中英两种文字，中文上款为‘兰芳先生惠存’，当中为‘善歌移俗’四字，跋语为‘梅君兰芳于一千九百二十二年十一月南游来港，因君素具改良戏剧、转移风俗宏愿，特赠此以留纪念’等

语，下款为‘护理香港总督施云（司徒拔又名）赠’”。在看《嫦娥奔月》时，梅兰芳手持花镰的形象令司徒拔吃惊不小，他悄声问身旁的同伴：“密斯特梅也会高尔夫球吗？”原来他把梅兰芳手中的花镰当成了高尔夫球棒了。他这傻傻一问，问得同伴忍俊不禁。外国人看中国京剧有时真是雾里看花。

梅兰芳赴港演出，考虑到地域文化的不同及由此带来的南北观众戏剧欣赏口味的差异，对南国观众究竟能否接受他的艺术，并不敢抱太大的奢望。让他始料不及的是，对于他的艺术，港粤同胞不仅喜欢，而且痴迷。这令他既感动又兴奋，因而将原定只演十到十五天的计划变更，增演至一个月。

从10月24日正式演出起，到11月22日最后一场演出止，梅兰芳首赴香港演了整整三十天，共三十三场。这三十天中，10月29日、11月5日、11月12日，分日夜两场。为不辜负港人的盛情，梅兰芳共演了二十九个剧目，几乎每天更换。最受欢迎的仍是《天女散花》，应观众要求演过三次。当时，社会上曾流传着这样一句谚语："三睇散花，抵得倾家"。《黛玉葬花》、《天河配》、《春香闹学》、《嫦娥奔月》、头二本《虹霓关》、《贩马记》演过两次，其他剧目有《麻姑献寿》、《御碑亭》、《千金一笑》、《汾河湾》、《樊江关》、《探母回令》、《牢狱鸳鸯》、《邓霞姑》、《游园惊梦》、《银空山》及《回龙阁》、《上元夫人》、《贵妃醉酒》、《甘露寺》带《回荆州》、《佳期拷红》、《穆柯寨》、《晴雯撕扇》、头二本《木兰从军》、《霸王别姬》、《水漫金山寺》和《辕门射戟》。这二十九个剧目中，既有传统戏，又有时装戏，还有古装新戏，可谓丰富多彩。

在正式演出前几天，太平戏院就广为宣传，并刻意将戏院布置得富丽堂皇。首场演出那天，戏院门口以五色电灯缀着"梅兰芳"三个大字，院内通道直达台前都用彩布鲜花点缀。台上悬挂着南洋烟草公司所赠的绉纱大幕，并有横衽各一幅；台口和包厢栏外以及前座上空均用绉纱结彩

电灯，五光十色，照耀全场。香港各界知名人士周寿臣、伍汉墀、周少岐、何棣生、何世光、刘德谱、张冠卿、邓昆山等诸位先生，以及同乐会同仁均赠花篮列置台前，蔚为大观。

无论是首场，还是以后各场，前去太平戏院的观众无以计数，若不早早排队，根本无法买到戏票，在这种情况下，戏院不得不打破以往一贯的严禁加座的限制。上演《上元夫人》、《虹霓关》、《嫦娥奔月》时，戏院站立观剧者多达数百人。上演《霸王别姬》时，竟有两三人合坐一个座位的奇特情景出现。因观剧者众多，每次戏散后，退场时因拥挤而造成多人被撞倒，失物者也因此逐日增多。每天从太平戏院出来的被撞伤者、失物者令警方大为头疼，他们不得不向戏院提出意见。

于是，戏院自11月11日起，在梅兰芳的大轴戏后面加演一出由粤伶陈少五等人的演出，让一部分戏迷继续滞留在戏院，以此达到使人流分两次出场的目的。这种情况在香港是从来没有过的。除香港文艺界名流和普通百姓常赴戏院外，香港政界如港督、市府官员和港议会议员都曾赴戏院看过梅兰芳的戏，连在港的外籍人士都被这空前盛况所吸引，一改过去着便服去中国戏院看戏的习惯，特地换上礼服前去观剧。港方不仅打破严禁加座的限制，对演戏时间也有所放宽，经港督咨询议会的特别许可，允许不受演戏至夜间十二点钟为止的限制，特许太平戏院在梅兰芳演出期间，可以延长至十二点半为止。

港人在欣赏梅兰芳的演出后，更想一睹卸了妆的梅兰芳的形象。就在梅兰芳拜见香港总督后的当晚，他应几位友人之邀，前往太平戏院观看著名花旦千里驹主演的粤剧。当有观众发现梅兰芳出现在他们中间时，场内秩序一时大乱，场外的观众听说后，居然临时购票进场，为的不是看粤剧，而是看梅兰芳。

梅兰芳本来是去看别人的，现在却不得不被别人看，心里不免有些不安，感到如此场面有些对不起台上正演出的同行。在众目睽睽下和众人窃窃议论中，他将一场戏勉强看完，然后匆匆离开，从此再也不敢堂而皇之地出现在公共场合

了。

11月4日，梅兰芳和友人乘车游历，午后在一家西餐馆午餐，周围群众闻讯后，从四面八方涌来，只片刻工夫，餐馆四周围观者达三四千人。最让人惊心动魄的是，在餐馆对面有几幢高约十丈的九层住宅楼，不少人为占领有利地形，以便清晰地目睹梅兰芳真容而不顾危险且不听警察劝阻，攀援而上。有人因此调侃道："真是舍命探梅哟！"

11月12日，是农历九月二十四，正是梅兰芳28岁生日。虽然他在这之前秘而不宣，但仍然被众人知晓。香港名流何棣生、何汉墀、周寿臣、周少岐等人，以及报界和同乐会，连续几天在颐和酒楼设宴庆祝梅兰芳的生日，每次应邀参加宴会的多达三四百人，宴厅遍布鲜花，并燃放烟花爆竹，热闹非凡。

香港各报对梅兰芳的演剧和人品除了赞誉就是褒扬，这与他们以往的做法截然不同。缘于竞争之故，以往各报对同一事件的评论总是相左，一方极力捧，另一方必定狠命杀，捧有捧的原因，杀有杀的理由。对于梅兰芳，连一贯喊杀的也一改常态，这说明梅兰芳的确技高一筹外，别无他因。特别是对于梅兰芳的人品，各报更是旗帜鲜明。梅兰芳最后两天的义务戏是应东华医院、潮汕赈灾会等单位的邀请，他在演义务戏时，像演营业戏一般认真，一丝不苟，甚至某些方面比演营业戏时还要卖力。对于他这种行为，各报的评论相当一致，一致夸赞他有高尚的艺德。

梅兰芳首赴香港演出非常圆满，不仅使港人认可了北方古老的传统剧种，而且使他们狂热地爱上了这一剧种。离港那天，沿岸爆竹齐鸣，自发前往码头欢送的群众不下万人，码头放炮悬旗，各江轮鸣笛致敬。一位近八旬的老人见此情景，感慨住在香港几十年，还从来没有见过这样热闹的场景。

十八 “梅宅”成了外交场所

1926年7月15日，新加坡维多利亚剧院，这里正有一场别开生面的西洋舞剧表演，男女主角是来自美国的“现代舞之父”泰德·肖恩和“舞蹈第一夫人”露丝·圣丹尼斯伉俪。优美的舞姿与凄美的爱情故事深深打动着观众，然而有华人观众却发现其中的一部取名《吴妻别帅》的舞剧似曾相识，除了人物、故事，甚至台上还出现了一名检场人员，手持一根带树叶的竹竿站在一旁，象征一棵树，随后由他撤去舞台上的椅子和其他物件。这岂不和中国京剧的舞台传统相一致？最让那些熟知梅戏的观众惊奇的是，吴帅夫人身上所穿的那套带水袖的戏装很像梅兰芳曾经穿过的。

其实这个《吴妻别帅》正是取材于梅兰芳的《霸王别姬》，吴帅夫人身上的那戏装也是梅兰芳送的。

就在前一年，肖恩夫妇率舞蹈团进行为期一年半的亚洲巡演。他们在北京演出三天也只能逗留三天，故抽不出时间观看梅兰芳演戏，却又对梅戏十分向往。梅兰芳慷慨大度地将他的剧团带到剧场，俟他们演出一结束，续演一场京剧。这不仅让观众喜出望外，更让包括肖恩夫妇在内的舞蹈团成员欣喜若狂，他们来不及卸妆就飞快奔向观众席，一睹梅兰芳的风采。

观剧后，肖恩夫妇说“比想象的还要令人振奋”。出于舞蹈家的敏感，他们对梅兰芳美丽的手、优雅的身段、雍容的台风大为震撼，称“从没有见过如此深刻感人的异国情调的表演”，更认为“梅先生是复兴中国舞蹈的唯一真正希望”。次日，他们特地拜访了梅兰芳，三人相谈甚欢。临行，梅兰芳送给圣丹尼斯一套带水袖的戏装。

肖恩夫妇回国后立即将《霸王别姬》移植改

编成了一出十分钟的西洋舞剧，取名《吴妻别帅》，并在新加坡首演，从此该剧成为舞蹈团的保留剧目。

论及梅兰芳与国际人士的交往，最早要追溯到1915年梅兰芳集中排演古装新戏期间。那年下半年，他用他的那部新编古装新戏《嫦娥奔月》招待了一个美国教师团体。从此，每当有外宾来访，在招待宴会或晚会上，梅兰芳的京剧表演均成为保留节目。在此之前，在华外国人是不进中国戏园、不看京剧的，在他们眼里，戏园充满了庸俗、喧闹、混杂的人群，京剧只是敲锣打鼓、尖声怪叫。梅兰芳改变了他们对京剧的观感，连美国驻华公使在看了他的戏后，也忍不住大声叫好，并向其国人大加推荐。于是，越来越多的外国人与梅兰芳结识。

也正是如此，梅兰芳得以跨出国门，将京剧引到国外。两次出访日本、又去过香港后，更多的外国人知道并认识了他，他与国际人士的交往也就愈加频繁。1926年，他不但接待了意大利、美国、西班牙、瑞典大使及夫人，还与守田勘弥

（十三世）、村田嘉久等五十多位日本歌舞伎名伶同台献艺，更与瑞典王储夫妇“赠石订交”。

这年6月，意大利驻华公使维多里奥·赛鲁蒂将回国述职，临行，他托人向梅兰芳致意，希望能相约一见。梅兰芳爽快地答应了。约定那天，赛鲁蒂因急事缠身，无法如约前往梅宅，便让夫人作为代表。梅兰芳在无量大人胡同梅宅接待了和公使夫人一同前来的美国、西班牙、瑞典大使及夫人子女等十八人。他们畅谈戏剧，气氛十分热烈。意大利公使夫人说她喜好音乐戏剧，年轻时也曾登台串戏，深知戏剧表演不是一件很容易的事，对梅兰芳所演各剧，她表示都很欣赏，尤其对他那变化多端的手势，更叹为中外无二。告辞前，梅兰芳与来客合影留念，并赠送给他们每人一张剧照。

不久，英国公使蓝博森爵士偕夫人、女儿、参赞等，和其他几国公使和夫人子女，也到无量大人胡同拜访梅兰芳。日本著名画家渡边氏访华时，也特地拜访梅兰芳，两人畅谈艺事绘画，交流心得。

早在1924年，日本著名演员左团次受梅兰芳两次赴日演出获得成功启发，组团赴中国演出。行至半道，因北洋军阀正在京津一带混战，交通受阻，无法继续前行，全团只得折返，只有左团次一人到达北京，与梅兰芳有过短暂的会晤。1926年8月，东京别一舞台经理山森三九郎组织了一个赴中国演出剧团，著名歌舞伎演员守田勘弥和村田嘉久子是该团的主要演员。

当梅兰芳从先行到京的山森手中接过东京帝国剧场社长大仓男爵的介绍信，得知他在日本演出时结交的守田勘弥等人将到京演出时，异常兴奋。8月20日晚七点半，梅兰芳、尚小云、老十三旦（侯俊山）、姜妙香、姚玉芙等人到车站迎来了日本客人。次日下午，梅兰芳召开茶话会欢迎守田勘弥等全体演员。中方参加茶话会的还有杨小楼、余叔岩和尚小云。梅兰芳亲致欢迎词。守田勘弥在致答谢词中称赞梅兰芳是“东方艺术的卓越表演家”。他还说：“从梅兰芳1919年首次到东京演出后，日本人民便深知中国艺术自有其渊源，大有研究价值”，又说“当时日本人无事不称赞欧美，仿佛要模仿西方才具号召力，可是我们深信东方艺术固有其特征，正不必仿效欧美，故而这次专程访问贵国，亦在于发扬东方艺术，使世人认识它的真正价值”。

山森三九郎在与梅兰芳洽商演出事宜时，邀请梅兰芳与日本演员同台献艺。二天演出结束后，日本演员即将启程回国，梅兰芳特嘱咐夫人福芝芳在大栅栏谦祥益绸缎庄购置了衣料，为日方全体演员每人赶制了一套中国服装，送给他们以作纪念。启程那天，守田、村田等全体演员穿上梅兰芳送的中国服装，与特地赶到车站送行的梅兰芳依依惜别，他们感谢梅兰芳的一片深情厚谊，更感谢梅兰芳为日中友好和中日文化交流所作的努力。

1926年10月，瑞典王储古斯达夫斯·阿多尔甫斯偕王妃路易丝·亚力桑德拉，并大礼官、女礼官、武官、侍从各一人，来到北京，预定访华十五天。王储夫妇的到来，让北洋政府外交人员忙得天昏地暗，他们特别印制了一种十分漂亮的“王储及妃来华游历日程表”，自从到北京那天起，直到出京之日止，一天天排定日期，把北京的所有名胜全都列入其中。王储是位考古大家，闲时喜欢到古玩店转转，坐着插有标志着“特别保护之意”的小黄旗汽车，在各大小胡同中穿行，访寻古迹。

王储此次来华，是以私人名义，所以抵京后即声明不受任何官方招待。虽然官方接待单位因此而没有通知已赴济南演出的梅兰芳返京，但王储却自己提出要见见梅兰芳。他说：“在瑞典的时候，早耳其名，今番来华，必须一观芳容，一顾妙曲，然后快心。”梅兰芳是王储访华要见的三人之一，另两位是“以元首自居、发号施令，不可一世的代揆顾总长（即顾维均）”和“拥兵十万的少年将军张学良”。王储的话传到了顾维均的耳朵里，他立刻去电济南，请梅兰芳迅速回京。王储坚持不受官方招待，“只愿亲到梅家中看他演唱，声明不算请客，不收请柬，只当个人访问梅氏”。

梅兰芳回京后，按照王储的意思，以个人名义筹备一切，邀请王储夫妇到无量大人胡同作客，王储夫妇欣然接受了邀请。

虽然是私人访问，但王储毕竟不是普通人，10月27日晚，当局仍然动用了大量警察，守候在梅宅周围，以防不测。这天，无量大人胡同五号梅宅被布置得十分辉煌华贵，走近大门，曲折的走廊上，满挂着纱灯，十分壮观。王储夫妇在瑞典大使的陪同下来到梅宅，首先就大加赞赏那华贵、壮观的布景。梅兰芳亲自出来迎接，然后将客人领入客厅。在客厅，王储就中国的戏剧和艺术问题同梅兰芳会晤良久，充当翻译的是陶益生。

在梅宅临时搭了一座小小的戏台，观众席能容下三十个人，座后预备了冷西餐。梅兰芳就在那小小的戏台上为王储演出了《琴挑》（与姜妙香合演）和《霸王别姬》中的“舞剑”（与周瑞安合演）一场。《琴挑》演毕，演员和客人共用冷食，只有王储仍然站在台前，凝神欣赏由徐兰沅、王少卿、杨宝忠、高连贵、霍文元合奏的中国民族乐曲《柳摇金》和《雁落梅花》。

散戏后，宾主共入客厅，乘梅兰芳卸妆时，

王储浏览室内陈设的古物，对案头的一方古印颇感兴趣，此印上刻着如下几个字：“辣长剑兮拥幼艾”。王储拿在手中把玩良久，他对人说：“此石为田黄，最可宝贵，余连日访购未得见类此之精品”。此时，卸妆后的梅兰芳来到客厅，见王储对这块田黄兽头图章爱不释手，便表示愿意将这块珍藏多年、重达二两的古章赠送给王储，以作纪念。王储闻知，大喜过望，一再表示感激之余，说他将以此物传之子孙，永作纪念。

王储与梅兰芳刚见面时，送给梅兰芳两帧亲笔签名之照片，但未题上款。经大家共同商议，便想请王储就将当晚观梅剧后的感想题字在照片上。王储身边的大礼官插话道：“王太子素不题他人上款。”不过，他又补充说：“若特志数语，当无不可。”于是王储书“为此极乐之夜，志我最佳之谢悃”于照片之下。

此次友好的会晤一直持续到午夜一时，王储临别前，还与梅兰芳等合影留念。

三十年后，已是瑞典国王的古斯达夫斯六世偕王后在瑞典首都斯德哥尔摩皇家剧院观看了中国古典歌舞剧团的演出，当他听说梅兰芳的女儿梅葆玥也随团来到斯德哥尔摩时，立即要求见见她。在皇家剧院的休息室里，国王握着梅葆玥的手，愉快地回忆起当年和梅兰芳会晤时的情景，还提到了那块田黄图章，说已经把它和自己的其他文物全部捐赠给皇家博物馆妥善收藏，以供瑞典人民欣赏。他还叮嘱梅葆玥回国后转达他对梅兰芳的亲切问候。

梅葆玥回国后，将国王的问候转达给了父亲，梅兰芳听后十分激动，不由翻出旧相簿，找出当年他与王储的合影照片，又想起了那次愉快的会晤……

可以说，梅兰芳那些年接待过国外包括文艺界、政界、实业界、教育界等各界各色人士多达六七千。由于当时的北洋政府不愿意支付外交交际费，或者说因为腐败而拿不出钱来，梅兰芳每次接待外国友人就不得不自掏腰包。难怪梅家女佣张妈曾对梅夫人福芝芳开玩笑说：“梅大爷每次要花那么多钱开茶会招待洋人，我看早晚会让他们给吃穷了！”

虽然梅兰芳付出了精力与金钱，但他让更多的人认识并开始欣赏中国戏剧。当年的美国驻华商务参赞裘林·阿诺德于1926年11月29日撰文概括了梅兰芳那时期的外交活动，文章说："那些在过去十年或二十年旅居北京的外籍人士，满意地注意到梅兰芳乐于尽力在外国观众当中推广中国的戏剧。他把自己的艺术献给祖国人民，使他们得到愉快的享受。与此同时，他在教育外国观众如何更好地欣赏中国戏剧表演这方面所尽的力量，也许同样可以使他感到自豪。我们祝愿他诸事成功，因为他在帮助西方人士如何更好地欣赏中国文化艺术方面所尽的一切力量，都有助于东西方之间的相互了解。"

简言之，梅兰芳与国际人士的交往，并不限于交往本身，更非仅为扩大自身知名度，而是意在推广中国戏剧，改变外国人长期以来对中国戏剧的鄙视和轻蔑，也在纠正外国人对中国人低俗粗陋的偏见，有助于东西方文化的相互了解与交融。同时，他以他自己在国际上的声望鼓励戏曲演员摆脱自卑阴影，并尽力提升他们的社会地位，也向社会宣告，他不仅仅是个京剧演员，更是艺术家。

十九　荣膺四大名旦

20世纪20年代初期，在民国建立十年之后，特别是在经历了1919年“五四”新文化运动之后，社会民众的审美心理已大为改变。反映在京剧舞台上，生行、旦行的位置逐渐颠倒，已由生行为主转而为生、旦并重再到旦行占据着主角地位，观众看旦行表演的兴趣开始高于看生行的。不能说生行戏就一定不如旦行戏美，只不过生行戏的美表现为粗犷直露，而旦行戏的美则表现为婉约含蓄。对美的心理追求的改变，客观上抬升了旦行的地位。这是社会原因。

就生行、旦行自身而言。在梅兰芳出生前后，老生行有“前三鼎甲”（包括程长庚、张二奎、余三胜）、“后三鼎甲”（谭鑫培、汪桂芬、孙菊仙）之称，他们把持着京剧舞台的主力位置，旦角只是他们的陪衬。民国前，汪桂芬、孙菊仙先后去世，只剩下谭鑫培。虽然杨小楼很快跻身于名武生行列，王凤卿以汪（桂芬）派传人的身份也一度名列老生榜首，但相比梅兰芳等一批年轻旦行演员的迅速崛起，生行不免后继乏人，旦行却人才辈出。这自然也有社会因素，但更重要的是梅兰芳们勇于接受新鲜事物，顺应时代潮流，在强烈的观众意识的前提下，不安现状，积极挑战生行演员，主观上使旦行成为舞台的主角。

在生、旦两行潜在的明争暗斗中，旦行演员是积极的、主动的。以梅兰芳为例，他早期虽以演老戏为主，但却从不满足一招一式、不偏不倚地模仿，而是在精练老戏之余寻求突破，以演出自己的独特风格。比如他的《汾河湾》即是如此。《汾河湾》之后，他将演出的每一部老戏都或多或少地以自己的理解赋予新的内容，既让观众以为看的仍然是老戏，却又从中看出新意。以他为榜样，其他名旦，如程砚秋、尚小云、荀慧生也都是如此。比如他们四人都唱《玉堂春》这样的老戏，四人的演唱却各有千秋，而绝不是前辈留下的模式的照搬。

梅兰芳开创了自排新戏的先河，其他旦角紧随其后。程砚秋曾在短短半年时间里连续排演了《红拂传》等七部新戏，尚小云更创排了如《摩登伽女》之类的时装戏，荀慧生也毫不示弱。到抗战前，他们四人各自都排演多部新戏，其他旦角如徐碧云、朱琴心等也都新戏迭出。反观生行，在排演新戏方面明显弱于旦角，除了马连良、高庆奎等人，大多数人仍然沿袭前辈遗留下的传统，进取心显然不够。这自然也造成旦行抢了生行风头的局面。

“四大名旦”这个称呼是怎么来的？长久以来，许多人都以为这是由观众投票选出来的。事实上，这是一个很大的错误。那么，这个错误又是怎么来的呢？

1927年6月，北京的《顺天时报》举办了一次投票活动，名为“五大名伶新剧夺魁投票活动”。“五大名伶”，除了现在说的梅、程、尚、荀这四个人外，还有一个旦角演员徐碧云。后来就有人认为“四大名旦”就是由这次活动选出来的。事实上，单从活动的名称来看也并非如此，因为它选的是戏，并不是人，更不是选“四大名旦”。

准确地说，这次是要求投票者从五个人所演新戏中分别选出最佳的一出戏。

为缩小范围而使选票相对集中，主办方从五人所演新剧中各选出五部作为候选，也就是一共有二十五部候选剧目。它们分别是：

梅兰芳：《洛神》、《太真外传》、《廉锦枫》、《西施》和《上元夫人》。

程砚秋：《花舫缘》、《红拂传》、《青霜剑》、《碧玉簪》和《聂隐娘》。

尚小云：《林四娘》、《五龙祚》、《摩登伽女》、《秦良玉》和《谢小娥》。

荀慧生：《元宵谜》、《丹青引》、《红梨记》、《绣襦记》和《香罗带》。

徐碧云：《丽珠梦》、《褒姒》、《二乔》、《绿珠》和《薛琼英》。

◎四大名旦：梅兰芳（左三）、程砚秋（左一）、尚小云（左二）、荀慧生（左四）

一个月以后，投票活动结束。7月23日，《顺天时报》揭晓了投票结果。从收到的选票来看，这次活动很受读者支持。主办方共收到选票14091张，五大名伶各自的最佳剧目分别是：

梅兰芳的《太真外传》，得票总计1774票；

程砚秋的《红拂传》，得票总计4785票；

尚小云的《摩登伽女》，得票总计6628票；

荀慧生的《丹青引》，得票总计1254票；

徐碧云的《绿珠》，得票总计1709票。

其实，“四大名旦”的称谓是由天津《天风报》社长沙大风首提的。当时，北京城内称直系军阀曹锟的内阁大臣程克等四人为“四大金刚”，而旦行演员梅兰芳、尚小云、朱琴心、程砚秋的名气不亚于“四大金刚”，所以有人称他们四人为“伶界四大金刚”。后来，荀慧生后来者居上，逐渐取代了朱琴心，“伶界四大金刚”便转而指梅、尚、程、荀四人。沙大风认为“金刚”之名不大好听，便率先提出“四大名旦”这一称谓。

1930年8月，上海的《戏剧月刊》举行了一次有关梅、程、尚、荀的征文活动，此活动名为“现代四大名旦之比较”，第一次以文字形式明确了梅、程、尚、荀为“四大名旦”，也就是第一次白纸黑字地确认了“四大名旦”这个称呼。

论及四大名旦的成功原因，除了社会环境因素以及他们自身的勤奋努力外，不得不提到“智囊团”的作用。有人说，四大名旦的竞争其实蕴涵着文化的竞争。何以如此说？原因便是在他们的身后，都有一批文人在加以辅佐。梅兰芳身边有齐如山、李释戡、黄秋岳、吴震修、冯幼伟等；程砚秋身边有罗瘿公、金仲荪、翁偶虹等剧作家；荀慧生身边有陈墨香等；尚小云身边有清逸居士等。

或许“智囊团”成员能力水平有高低，但无一例外地都对中国传统文化有着深刻认识，更有如齐如山等人同时精通西方戏剧理论。以知识分子的力量推进京剧发展，是梅兰芳们的最聪明之处。他们用知识分子的文化和思想影响着自己，反过来，又通过知识分子的手笔表达自己的政治见解和审美理想，两者互补相得益彰。

四大名旦之间始终存在着积极的艺术竞争，这也是他们之所以成为“名旦”的另一个重要原因。虽然他们属同一师门，均曾受过王瑶卿教诲，故私底下他们是很好的朋友，但这并不妨碍他们在艺术上的竞争。

除了梅兰芳的《霸王别姬》和尚小云的《楚汉争》外，当梅兰芳创排了以武功见长的《红线盗盒》后，程砚秋排演了《红拂传》，尚小云排演了《红绡》，荀慧生改编演出了《红娘》，亦即著名的“四红”。其中《红拂传》中的舞双剑场面，很显然吸收了梅兰芳《霸王别姬》中“虞姬剑舞”的精华。尚小云《红绡》中的昆仑奴摩勒与程砚秋《红拂传》中的虬髯公又极为相似；当梅兰芳演出了《一口剑》（即《宇宙锋》）后，尚小云排演了《娥媚剑》，程砚秋排演了《青霜剑》，荀慧生排出了《鸳鸯剑》，即著名的“四剑”；当梅兰芳的宫廷戏《贵妃醉酒》大受欢迎后，其余三人也分别创排了宫廷戏，尚小云的是《汉明妃》、程砚秋的是《梅妃》、荀慧生的是《鱼藻宫》；当梅兰芳创排了《木兰从军》后，其他三人也都创排了主要人物是女扮男装的戏——荀慧生的《荀灌娘》、程砚秋的《聂隐娘》、尚小云的《珍珠扇》。

如此热热闹闹的竞争，一方面丰富了京剧剧目，拓宽了表演形式和表现手段，对京剧事业的贡献不言而喻；另一方面，有益的、积极的竞争也使他们在艺术上精益求精，并不断超越自己，逐渐形成不同的流派。

在对四大名旦的排序中，有人从“年龄大小”、“成名先后”、“声誉名望”这三个方面进行排列。论年龄大小，梅兰芳是老大，排第一；论成名先后，梅兰芳最先成名，排第一；论声誉名望，梅兰芳还是排一。还有人分得更细致，从天资、台容、身段、表情、扮相、嗓音、唱工、做工、武工、旧戏、新戏、昆剧、品格等方面进行综合分析比较，甚至用数据说话，进行打分。结论，仍然是梅兰芳排第一。

这个结论，并不出乎人们意料。在他们四个人当中，只有梅兰芳出身梨园世家，他出道最早，8岁学戏，10岁登台。他初登舞台时，尚小云和荀慧生只有4岁，而程砚秋刚刚出生。因为年龄最长，所以梅兰芳成名也最早，最早接触到新文化，最早意识到文化对于戏曲的推动作用而最早结识知识分子。在他的身边，聚集着一批有文化、有见识的文化人，比如齐如山、冯幼伟、黄秋岳等。他也最早注重与社会各界，如新闻界、文化界、企业界建立良好关系。在他第一次到上海演出时，就广泛拜访各界名流。

他又最早将京剧传播到国外，早在1919年的时候，他就到日本去演出，是民国以后第一个出国演出的京剧演员。他也是他们四个人当中唯一一个到过国外演出的人，除了到日本，他还到过美国。在日本，数十万日本人为梅兰芳疯狂，还戏言，看了梅兰芳，日本美人都成灰土了；在美国，他被授予“文学博士”的荣誉学位。

梅兰芳最重要的一个“最早”，是他最早创排新戏。早在1914年，尚小云和荀慧生只有14岁，程砚秋只有10岁的时候，梅兰芳就创排了第一出新戏《孽海波澜》，到1928年的时候，他已经创排了二十三部新戏，其中有最著名的《霸王别姬》。

在过去，人们进茶楼戏园，不叫“看戏”，而是叫“听戏”，他们甚至背对着舞台，一边谈笑吃喝，一边听戏，冷不丁冒出几句“好”来。从梅兰芳开始，人们逐渐由“听戏”转向了“看戏”。为什么呢？因为梅兰芳改变了过去青衣演员“抱着肚子死唱”的传统，他创排的新戏，除了唱腔悦耳动听以外，更载歌载舞，还配以绚丽的服饰、变幻的灯光、新颖的伴奏。不夸张地说，是他使京剧舞台由单一走向绚烂，也是他将京剧带入辉煌。

后　记

屈指算来，我研究梅兰芳，忽忽然已有十多年了，想来真不免有些惊心。小时候学到“白驹过隙”这个成语，只知那是聪明的古人想出来的绝妙的比喻，如今才真切地感到它绝非夸张之语。

这么多年写梅兰芳，对他印象最深的是他生活中时时处处的“克制”。比如，他也喝点酒，也抽点烟，但都是浅尝辄止，绝不任性而为。为什么呢？为了保护嗓子。他很讲究饮食。在演出期间，禁食冷饮，平时多食牛奶、鸡蛋、粗粮、蔬菜、水果，很少吃蛋白质含量过高的食物，不吃刺激性、油腻的东西。

除此之外，在衣着方面，他特别注意天气的

变化随时增减衣服，防止感冒。如果室内外温差比较大时，进出就格外小心了。在寒冷季节，从外面走进温暖的化妆室，他不立即脱衣服，演完戏后，总是先用毛巾擦干汗水，再卸妆。离开后台，他一定会戴口罩，围上围巾。夏天，他从不对着电扇吹；冬天，房里的火炉温度也开得不是很高，以免烤干嗓子。等等。

梅兰芳之所以成为京剧史上空前绝后的人物，毋庸讳言，部分原因来自上苍的特别垂青：温良的性格，柔静的外形，是天生的饰演女性的材料。当然也来自他对艺术的思索领悟、求变创新与刻苦学习。他先天的聪慧既不比人差，后天的勤奋又超过别人，加上他超越常人的强大意志力，怎么会不成功呢！

图书在版编目（CIP）数据

梅兰芳的青少年时代／李伶伶著．—2版．— 石家庄：河北人民出版社，2012.12

（大师的青少年时代）

ISBN 978-7-202-06966-0

Ⅰ.①梅… Ⅱ.①李… Ⅲ.①梅兰芳（1894~1961）—生平事迹 Ⅳ.① K825.78

中国版本图书馆CIP数据核字（2012）第250387号

书　　名　梅兰芳的青少年时代
著　　者　李伶伶

责任编辑　王　轶　段　鲲　付　聪
美术编辑　于艳红
责任校对　付敬华

出版发行　河北出版传媒集团　河北人民出版社
（石家庄市友谊北大街330号）
印　　刷　河北新华第一印刷有限责任公司
开　　本　850×1168 毫米　1/32
印　　张　9
字　　数　118 000
版　　次　2012 年 12 月第 2 版　　2012 年 12 月第 3 次印刷
书　　号　ISBN 978-7-202-06966-0／I·904
定　　价　17.00 元